キーワードで読み解く地方創生

キーワード
で読み解く
地方創生

みずほ総合研究所 編
Mizuho Research Institute

岩波書店

はじめに

UIJ ターン，日本版 CCRC，コンパクトシティ，スマートシティ，これらは
どれも近年政府が行っている地方対策のメニューである（いずれも本書でキーワ
ードとして取り上げている）．今日，政府は「地方創生」を合言葉に，地方圏の
人口減少に歯止めをかけることを模索している．一方，現実には，日本の人口
は 2008 年をピークにすでに減少に転じており，2100 年には 5,000 万人程度に
なると予測されている．また，地方創生の掛け声にもかかわらず，東京一極集
中が着実に進む現実がある．さらに，東京には若者や女性が集まり，地方では
高齢化という二重の格差も進行している．今後も，東京を中心とした東京圏の
人口がそう減少しないとすれば，地方圏の人口が大幅に減少することになる．

みずほ総合研究所は，こうした現実を直視するところから初めて建設的な議
論が可能になると考えた．本書では，わが国の都道府県の数と同じ 47 個のキ
ーワードを手掛かりにして，できるだけ幅広く，また定量的な観点から地方の
実態を浮き彫りにしようとした．単に人口を増やそうとしても，それには困難
が伴う．そこで，持続可能性があるもの，また地方独自のビジネスモデルとな
るものを摑もうとした．

これまで，ともすると地方創生は，政治的な要請に強く影響されてきた面は
なかっただろうか．今日，政治的に地方を重視する，地方の人口を増加させる
ことが是とされる空気があるのは確かだ．一方，現実には，21 世紀において
成長エンジンとしての大都市の役割がグローバル的な観点から見ても大きくな
っており，都心回帰が 21 世紀の大都市を変えている面もある．巨大な人口集
積を活かして第 3 次産業が集まることで，世界レベルでの都市間競争が生じて
いる．こうした実態と，政治的要請からの地方への視点には乖離があるのが実
情だ．

そうした中，本書では地域の「実相」をさまざまな角度から描くことにした．
例えば，できるだけデータを踏まえて，今日の地域の状況が浮き彫りになるよ
うに記述している．そして，47 の視点からできる限り幅広くフォーカスしよ
うとした．

我々がこれまで一般的に抱いてきた地域振興の固定観念は，工場を誘致したり，大きなプロジェクトを計画することだった．しかし，単に予算を投入してハコモノや住宅街をつくって一時的に人口が増加しても，決して持続的な成長は実現できなかった．そうした中，地域ならではの魅力は何か，地域でしか味わえないものは何かをさまざまな視点から追うことが大切になると考えた．

　そこで本書では，インバウンドを含めた観光や農業など，地域が持つ資源にもスポットを当てている．

　以上のような認識の下，本書は地方創生に関わるキーワード集としても用いることができるようにまとめた．

　ここで，本書の構成と特徴について簡単に記しておきたい．

　まず，本書では現在進められている地方創生について，47個のキーワードを選び解説している．選択したキーワードは，地域経済の最近の状況やその背景，近年注力されてきた地域振興の取り組み，現在の地域活性化における注目度の高いテーマなど，地方創生を語る上で重要なものを選び出した．

　各項目はそれぞれに独立した建て付けとなっているので，関心のあるものを選んで事典のように利用することも可能であるが，全体を通しても地方創生の姿を理解できるように，8つの章にグループ分けしている．第1章では人口減少に直面する地域の実情，第2章ではこれに対応する政府の地方創生の重点施策に関するキーワードを総論的に取り上げた．その後は各論としての位置づけで，第3章で地方分権と地方財政，第4章で地域産業振興，第5章でまちづくり，第6章で地域資源に関わるキーワードについて解説している．これに続く第7章，第8章では，今後の地域活性化に向けて期待度が高まっている観光と農業のキーワードをそれぞれピックアップした．

　次に，個別の項目についてであるが，各項いずれも3〜4ページの組み立てとしている（各章の末尾の項目が3ページ）．各項の冒頭には，それぞれのテーマのポイントを簡潔に示した．また，読者の理解の助けとなるよう，図表や写真を多く盛り込み，データに基づく具体的な説明も心がけた．必要に応じて，他の項目の参照も注記している．その上で，キーワードの大まかな説明にとどまらず，施策や活動への評価，今後に向けた課題の提示など，執筆に当たった各

分野の担当者の見解も加えている.

　なお,巻末の「おわりに」では,本書で紹介したキーワードの数々を踏まえつつ,人口減少や少子高齢化の進行,グローバル化と競争の激化,テクノロジーの進化といった大きな変化の中で,これまでの地域活性化策や現在の地方創生をどう位置づけ,将来に向けてどのような対応が求められるのかをまとめている.

　2014年に安倍政権により着手された地方創生は,国や地方自治体によるビジョンや戦略の策定を経て実行段階に入ってからすでに約3年が経過した.これまでのところ,政府が是正を目指す東京一極集中の流れに大きな変化は見られないが,地域経済の活力向上が,それぞれの地域においても,また日本経済の再生においても重要であることは間違いない.本書が,掛け声だけの地方創生にとどまることなく真の地方創生に資する持続的モデルへの第一歩につながることを期待したい.

　2018年5月

みずほ総合研究所
専務執行役員　チーフエコノミスト
高　田　　創

目　　次

はじめに

1　人口減少に直面する地方 ……………………………… 1
　　——地域の実情に関わるキーワード

　　①　東京一極集中　　2

　　②　高齢化　　6

　　③　都心回帰　　10

　　④　都市のスポンジ化　　14

　　⑤　消滅可能性都市　　18

　　⑥　UIJ ターン　　22

2　重点施策としての地方創生 …………………………… 25
　　——総合的な地域政策に関わるキーワード

　　①　まち・ひと・しごと創生　　26

　　②　地方人口ビジョン　　30

　　③　国家戦略特区　　34

　　④　政府機関の地方移転　　38

　　⑤　小さな拠点　　42

　　⑥　日本版 DMO　　46

3　模索される地方の自立性 ……………………………… 49
　　——地方分権・地方財政に関わるキーワード

　　①　地方分権改革　　50

　　②　地方創生関係交付金　　54

　　③　コンセッション　　58

④　ふるさと納税　62

⑤　大阪都構想　66

⑥　町村総会　70

4　連携と創発による事業の活性化 ……………………… 73
　　──地域産業の振興に関わるキーワード

①　産業集積・企業城下町　74

②　地域未来投資促進法　78

③　地域クラスター　82

④　地域中核企業活性化ファンド　86

⑤　ビジネス・インキュベータ　90

⑥　ローカルベンチマーク　94

5　ヒトが集い憩う場の再形成 ………………………… 97
　　──まちづくりに関わるキーワード

①　コンパクトシティ　98

②　日本版CCRC　102

③　スマートシティ　106

④　立地適正化計画　110

⑤　シェアリングエコノミー　114

⑥　大都市の再開発　118

6　各地の個性を生かす手立て ………………………… 121
　　──地域資源の活用に関わるキーワード

①　地域商社　122

②　世界遺産・日本遺産　126

③　ご当地キャラ　130

④　クルーズトレイン　134

⑤　聖地巡礼　138

⑥　ガーデン・ツーリズム　142

7 交流人口拡大へのチャレンジ ……………………… 145
　　──観光振興に関わるキーワード

　①　インバウンド　　146

　②　コト消費　　150

　③　クルーズ船　　154

　④　キッズウィーク　　158

　⑤　観光の ICT 化　　162

　⑥　IR（統合型リゾート）　　166

8 新たな有望産業への潜在性 ……………………… 169
　　──農林漁業と食に関わるキーワード

　①　6 次産業化　　170

　②　企業の農業参入　　174

　③　観光農業　　178

　④　農産物輸出　　182

　⑤　ジビエ　　186

　　おわりに　　189

＊出典が記されていない本書の画像はすべてみずほ総合研究所が現地にて
　撮影したものです.

1 人口減少に
直面する地方

地域の実情に関わるキーワード

① 東京一極集中
② 高齢化
③ 都心回帰
④ 都市のスポンジ化
⑤ 消滅可能性都市
⑥ UIJ ターン

①

東京一極集中

〈POINT〉

- 都道府県別の人口の変化をみると，2010年から2015年にかけて人口が増加したのは，沖縄県，東京都，埼玉県，愛知県，神奈川県，福岡県，滋賀県，千葉県の8都県である．
- 東京圏の人口増加は，他地域からの人口流入によるものである．高度経済成長期，バブル経済期，1990年代後半以降と，戦後3回の人口集中期が生じているが，現在も東京一極集中が進行中である．
- 東京圏への人口流入は，男女ともに高校卒業後の進学時を含む15〜19歳と，大学等卒業後の就職時となる20〜24歳が多い．この世代の女性の流出が多い地域では，次世代となる子どもの減少にもつながる．

人口増加は東京圏中心

2015年の総務省統計局「国勢調査結果」により都道府県別の人口の変化をみると，前回2010年調査より人口が増加したのは，沖縄県(2.9%増)，東京都(2.7%増)，埼玉県(1.0%増)，愛知県(1.0%増)，神奈川県(0.9%増)，福岡県(0.6%増)，滋賀県(0.2%増)，千葉県(0.1%増)と，東京圏(東京都，埼玉県，千葉県，神奈川県)が半数を占める(図1)．

このうち，沖縄県の人口増加率が高いのは，出生率の高さが影響している．2015年の合計特殊出生率(15〜49歳の女性の年齢別出生率の合計で1人の女性がその年齢別出生率で一生の間に生むとしたときの子どもの数に相当．ここでは，1年間の出生状況に着目した期間合計特殊出生率で比較)は，全国平均が1.45であるのに対し，沖縄県は1.96と全国47都道府県の中で最も高水準である．なお，東京圏の合計特殊出生率は，東京都1.24，埼玉県1.39，千葉県1.38，神奈川県1.39と軒並み全国平均の1.45より低い．

2 | 1 人口減少に直面する地方

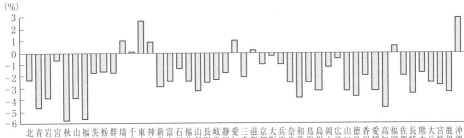

資料) 総務省統計局「国勢調査結果」(2015年)より, みずほ総合研究所作成

図1　都道府県別の人口変化率(2010年→2015年)

　出生率が低い東京圏の人口が増加しているのは，地方圏から東京圏へ人口が流入しているためである．

　なお，2010年の「国勢調査」でその前の2005年調査より人口が減少した道府県のうち，2015年調査で人口が増加した道府県は一つもない．また，2010年に人口が減少した道府県のうち8割以上は2015年調査ではより減少幅が大きくなっており，人口減少が加速している．国立社会保障・人口問題研究所は，これまでに人口が減少している道府県では，今後，人口減少がさらに加速し，2040年までに2～3割程度減少する見通しを示している．

東京圏に人口集中

　次に，1954年以降の東京圏，大阪圏(大阪府，京都府，兵庫県，奈良県)，名古屋圏(愛知県，岐阜県，三重県)の三大都市圏への人口の転入超過数の推移をみていく．転入超過数とは，その地域への毎年の転入者数から転出者数を引いたものであり，マイナスは転出超過を意味する．

　まず，1970年代初頭までの高度経済成長期には，東京圏，大阪圏，名古屋圏への大幅な転入超過が続いた(図2)．これは，当時，地方圏では第1次産業が中心であり，多くの若者が地元を離れて都市部の第2次産業へ就職した影響が大きい．

　その後，1970年代の二度のオイルショックを経て安定成長期に入ると大都

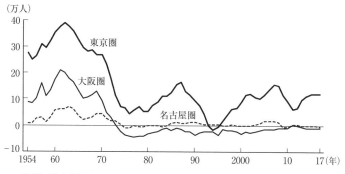

資料）総務省統計局「住民基本台帳人口移動報告」（各年版）より，みずほ総合研究所作成

図2 三大都市圏の転入超過数

市圏への人口移動は収束しつつあったが，1980年代後半のバブル経済期になると，大阪圏，名古屋圏への人口移動は進まない中，東京圏へのみ人口移動が再び進み，人口の東京圏への一極集中が目立つようになった(図2)．背景には，この当時，円高が進行したため地方の製造拠点が打撃を受けたことや，経済のサービス化により東京圏で新たな産業が発展したこと，金融機能が東京に集中したことなどが指摘されている．

　1990年代半ばには，バブル経済の崩壊とともに新卒の就職環境が厳しくなったことなどから東京圏は人口の転出超過に転じた．しかし，90年代後半から2000年代以降には，東京圏への転入超過数が再び増加しており，東京圏は，現在，戦後3回目の人口集中期を迎えている．なお，2011年3月11日に発生した東日本大震災の影響により，東京圏への転入超過数は一時的に落ち込んだものの，2013年には転入超過数が震災前の水準を上回り，ここ数年は10万人を超える転入超過が続いている(図2)．

　直近の2017年の三大都市圏の転入超過数をみると，東京圏は12.0万人の転入超過と22年連続の転入超過となり，超過数は2年ぶりに前年よりも増加した．名古屋圏は0.5万人の転出超過，大阪圏は0.9万人の転出超過と，いずれも5年連続の転出超過となっている(図2)．

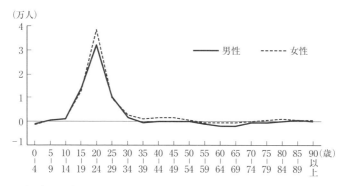

資料）総務省統計局「住民基本台帳人口移動報告」(2017年)より，みずほ総合研究所作成

図3　年齢階級別の東京圏の転入超過数(2017年)

東京圏への転入の中心は若者

　東京圏への転入者数が多いのは，男女ともに高校卒業後の進学時を含む15〜19歳と，大学等卒業後の就職時となる20〜24歳である．

　特に，女性の20〜24歳の転入超過数が多く，2017年には3.9万人の転入超過となっている(図3)．これは，女性の大学進学率の上昇が続いており，2017年度は女性49.1％と男性の55.9％に近づきつつある中，東京圏では大学卒の女性の多くが就職先として希望する第3次産業が発展していることが影響していると考えられる．

　なお，製造業が地域経済に占めるウェイトが高い名古屋圏では，20〜24歳の男性の転入超過数は大きいものの，20〜24歳の女性は転出超過となっており，東京圏とは違って就職時に転出する女性が多いという特徴がみられる．

　東京圏で就職した女性は，結婚後も出身地域に戻らずにそのまま長期間にわたって東京圏に居住することが多い．このため，進学時や就職時に東京圏へ転出する女性が多い地域では，若い女性の人口が減少するだけではなく，次世代となる子どもの数も減少することとなり，人口減少という面からみると，二重の痛手を負うことになる．

① 東京一極集中

②

高齢化

〈POINT〉

- 日本は人口減少社会に突入している．2015年の人口は1億2,700万人であったが，出生数の減少と死亡数の増加により，2065年には8,800万人まで減少する見通しである．
- 65歳以上人口の割合（高齢化率）は，1990年代以降急速に高まっており，2065年には4割近くまで上昇する．今後は，特に75歳以上人口の増加が著しく，医療費と介護費の急増が予想されている．
- 2015年の都道府県別の高齢化率は，最高が秋田県で33.8％，最低が沖縄県で19.6％である．ただし，2045年には沖縄県も30％を超える見通しである．

人口の4割は65歳以上の社会へ

　日本は，戦後一貫して人口増加が続いてきたが，現在は人口減少社会に突入している．5年に一度発表される国立社会保障・人口問題研究所の「日本の将来推計人口」(2017年4月推計)によると，日本の総人口は2015年時点で1億2,700万人であったが，出生数の減少と死亡数の増加により長期的な人口減少過程に入り，2065年には8,800万人まで減少する見通しとなっている(図1)．

　日本の将来推計人口では，将来の出生推移・死亡推移についてそれぞれ中位，高位，低位の3つの仮定を設け，それらの組み合わせにより9通りの推計が行われている．2065年に人口8,800万人というのは出生中位・死亡中位の仮定による推計であるが，最も人口が多い状態で推移した場合となる出生高位・死亡低位推計でも，2065年の人口は9,657万人になるとされており，いずれにしてもわが国の人口減少は避けられない状況である．

　また，人口に占める65歳以上の高齢者の割合(以下，高齢化率)は，1990年代

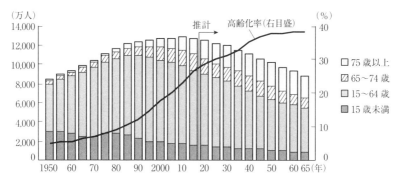

図1 年齢4区分別人口と高齢化率の推移と見通し

以降急速に高まっており，2050年以降は4割近くまで上昇する(図1)．今後は，65歳以上人口のうち，特に75歳以上の後期高齢者の増加が著しく，それに伴って医療費や介護費の急増が予想されている．

日本の高齢化は先進国で最速

人口の高齢化は先進国共通の現象であるが，日本は他の先進国と比較して高齢化が進むスピードが速く，その水準が高いという特徴がある．

国連(UN)や世界保健機関(WHO)は，高齢化率が7%を超えた社会を「高齢化社会」，14%を超えた社会を「高齢社会」，21%を超えた社会を「超高齢社会」と定義している．日本は，高齢化社会から高齢社会になるまでに24年，高齢社会から超高齢社会になるまでに13年であったが，他の先進国と比較するとこの期間が短い．例えば，高齢化社会から高齢社会になるまでに要した期間は，日本の24年に対し，ドイツが40年，スペイン45年，英国46年，イタリア61年，米国72年，スウェーデン85年，フランスが115年である．また，高齢社会から超高齢社会になるまでに要した期間は，日本の13年に対し，米国が18年，イタリア24年，スペイン30年，ドイツとフランス42年，スウェーデン51年，英国が54年である．

かつて，1980年代までは，日本は先進国の中で最も高齢化率が低かった．

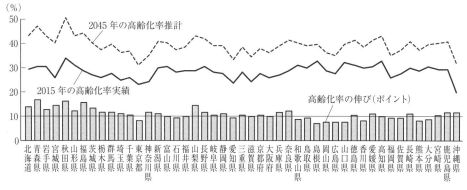

資料）国立社会保障・人口問題研究所「日本の地域別将来推計人口」(2018年3月推計)より，みずほ総合研究所作成

図2　都道府県別の高齢化率(2015年と2045年の比較)

1990年代に急速に高齢化が進行したことから，2005年の時点では他の先進国の高齢化率が10%台である中，日本のみ20%を超えた．2050年時点の高齢化率の見通しを比較すると，日本の高齢化率が38%と最も高く，続いてスペイン36%，イタリア35%，ドイツ31%，フランス27%，英国25%，スウェーデン24%，米国22%となっている．

都道府県別の高齢化率

都道府県別の高齢化率をみてみると，2015年時点では，最も高い秋田県で33.8%，最も低い沖縄県で19.6%となっている．今後，高齢化率は，すべての都道府県で上昇し，2045年には，最も高い秋田県では50.1%，2015年時点で最も低かった沖縄県でも30%を超える見通しである．

2015年から2045年にかけて，最も高齢化率が高まるのは青森県であるが，東京圏においても東京都を除き，神奈川県，千葉県，埼玉県で軒並み10%ポイント以上の高齢化率の上昇が見込まれている(図2)．

高齢化で生じる「買物難民」問題

高齢化や過疎化の進行により，地方を中心として，食料品や日用品の購入が難しくなる「買物難民」問題が発生している．買物難民問題が発生するのは，

表1 食料品アクセス問題への対策を必要とする市町村数

●推移

年　度	2011	2012	2013	2014	2015	2016	2017
市町村数	810	780	836	959	959	1,020	964
比率(%)	75.3	78.8	81.2	84.3	81.0	81.9	82.0

●規模別（2017年度）

	大都市 (東京23区と政令指定都市)	中都市 (人口5万人以上の都市, 大都市を除く)	小都市 (人口5万人未満の都市)
市町村数	35	378	762
比率(%)	65.7	78.6	84.5

注）比率(%)とは，調査への回答市町村数に占める対策を必要とする市町村数の割合.
資料）農林水産省「「食料品アクセス問題」に関する全国市町村アンケート調査結果」
（各年版）より，みずほ総合研究所作成

住民の高齢化がその最大の要因である．高齢者は身体機能の弱まりなどから店舗まで買物に出かけるのが困難になるという消費者側の要因がある他，商店主の高齢化による引退や人口減少による客数減等により，地域の小売業の廃業が進むといった供給者側の要因もある．また，公共交通機関の廃止といったアクセス条件の低下等も，買物難民を生じさせる要因になっている．

　経済産業省は，住んでいる地域で日常の買物をしたり，生活に必要なサービスを受けたりするのに困難を感じる人たちのことを「買物弱者」としており，日本全国の買物弱者数は2014年度調査で約700万人と推計している．

　また，特に地方では，今後の高齢化のスピードが他地域よりも速い上に，高齢化率も他地域より高くなるため，買物難民問題の急激な深刻化が懸念されており，その対策が必要となっている．全国市町村へのアンケート調査では，食料品アクセス問題への対策が必要と認識している市町村数の割合は2017年度時点で82.0％と，多くの自治体で対策が必要と認識されている（表1）．また，市町村の規模別でみると，大都市では65.7％，中都市では78.6％，小都市では84.5％となっており，小都市ほど食料品アクセス問題が深刻である（表1）．

　買物難民対策としては，移動販売車や宅配サービス，御用聞き・買物代行等の対応が取られ始めているが，採算確保に難しさもあり，十分な対応が行き届いていないのが現状である．

② 高齢化

③

都心回帰

〈POINT〉

- かつての「ドーナツ化現象」から一転し，1990年代後半以降，都心部に人口が流入する「都心回帰」が起きている．都心回帰は，大都市や県庁所在地などでも進んでいる．
- 大阪圏では神戸市の人口が減少したことが注目される．これは，大阪圏の都心回帰の影響であり，大阪都心6区や，兵庫県内でも大阪市の都心から近いエリアは人口が大きく増加している．
- 都心回帰が最も顕著なのは東京都である．2010年から2015年にかけての東京都心3区の人口増加率は，千代田区24.0%，港区18.6%，中央区15.0%と非常に高い．

1990年代後半から都心回帰

高度経済成長期からバブル経済期にかけては，都心部の人口が減少し，郊外の人口が増えた．これは，人口分布図でみると，中心部が空洞化することから「ドーナツ化現象」といわれる．

しかし，バブル経済崩壊後の1990年代後半以降，都心部に人口が再流入している．この現象が「都心回帰」と呼ばれている．

都心回帰は，①都心部を中心として地価が大幅に下落したことで不動産が購入しやすくなったこと，②金融緩和政策により住宅ローン金利が低下したことから借り入れが容易になったこと，③企業のリストラによりマンション用地が大量に供給されたことや規制が緩和されたことにより，都心部に大規模なマンションや高層マンションが建設されたこと，④単身世帯や共働き世帯が増加したことや都心での利便性が向上したこと，などがその背景である．こうした動きは，東京だけではなく，他の大都市や県庁所在地などでも進んでおり，また

10 　　1 人口減少に直面する地方

表1　特別区・政令指定都市内区別の人口増加率
（2010～15年）ランキング

順位	区　　名	人口増加率(%)	順位	区　　名	人口増加率(%)
1	東京都千代田区	24.0	11	東京都江東区	8.1
2	東京都港区	18.6	12	福岡市中央区	8.0
3	大阪市中央区	18.3	13	札幌市中央区	7.9
4	東京都中央区	15.0	14	大阪市福島区	7.7
5	大阪市浪速区	13.0	15	福岡市博多区	7.5
6	東京都台東区	12.6	16	福岡市西区	7.0
7	大阪市北区	12.0	17	神戸市中央区	6.9
8	大阪市西区	11.3	18	さいたま市浦和区	6.7
9	東京都渋谷区	9.8	19	名古屋市東区	6.6
10	大阪市天王寺区	8.5	20	仙台市青葉区	6.4

資料）総務省統計局「国勢調査結果」（2015年）より，みずほ総合研究所作成

都市圏と都市内の二つのレベルで認められる．

政令指定都市で進む人口の二極化

　大都市の代表ともいえるのが政令指定都市であるが，その政令指定都市において，人口の二極化が進んでいる．現在，政令指定都市は20あるが，総務省統計局「国勢調査結果」によると，2010年から2015年にかけて14の政令指定都市では人口が増加したが，神戸市，北九州市，堺市，新潟市，浜松市，静岡市の6市では人口が減少した．

　政令指定都市においても少子高齢化が進んでいるため，死亡数が出生数を上回る「自然減少」が拡大している．このため，人口を増加させるには，転入が転出を上回る「社会増加」が必要である．人口が減少した政令指定都市のうち，製造業が比較的盛んである北九州市，堺市，浜松市，静岡市は，産業構造の変化等により地域の製造業が縮小しつつある上，製造業の現場での仕事は特に大学卒の若者の就職先にはなりにくいことから，進学や就職を契機とした若者の人口流出が進んでいる．

　また，日本海側唯一の政令指定都市である新潟市は，2015年調査で戦後初めて人口が減少したが，その背景には新潟市の周辺地域の人口減少が進んだために，新潟市に流入する人口も減少したことが影響したものとみられる．

③ 都心回帰

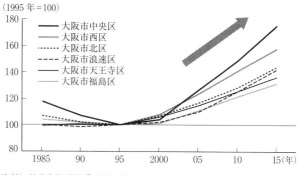

資料) 総務省統計局「国勢調査結果」(各年版)より,みずほ総合研究所作成
図1　大阪都心6区の人口推移

大阪圏における都心回帰

　2015年の政令指定都市の人口動向において特に注目されるのは,神戸市の人口が1995年1月17日の阪神・淡路大震災以後初めて減少して153.7万人となり,福岡市の人口(153.9万人)を下回ったことである.福岡市の人口が神戸市の人口を上回ったのは,福岡市が地域経済の中心であり人口が増加した一方で,大阪圏における都心回帰の影響で,神戸市より大阪の都心に近い地域の人口が増加し神戸市の人口が減少したためと考えられる.

　兵庫県において2010～15年の人口増加率が最も高かったのは芦屋市(2.3%)で,2番目に高かったのは西宮市(1.1%)である.芦屋市や西宮市は,兵庫県内でも大阪市の都心から近い地域である.

　こうした都心回帰は,地域経済の中心都市の内部でより顕著にみられる.特別区・政令指定都市内区別の2010～15年の人口増加率上位20位をみると,大阪都心6区といわれる中央区,浪速区,北区,西区,天王寺区,福島区はいずれも20位内に入っている(表1).また,この大阪都心6区について,1995年の人口を100とした場合の人口推移をみると,95年を底にいずれも大きく増加している(図1).

　なお,他の政令指定都市でみても,福岡市中央区や同博多区,札幌市中央区といった都心にある区が,それぞれの市内において人口増加率が高いという特徴がみられる(表1).

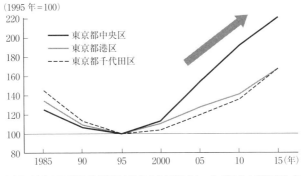

資料）総務省統計局「国勢調査結果」(各年版)より，みずほ総合研究所作成
図2 東京都心3区の人口推移

最も都心回帰が顕著な東京都

　都心回帰が最も顕著なのは東京都である．2010～15年の人口増加率をみると，千代田区(24.0%)，港区(18.6%)，中央区(15.0%)といった都心3区と，千代田区に隣接する台東区(12.6%)は，特別区・政令指定都市内区別の人口増加率でランキングが上位である(表1)．

　東京都の都心3区について，1995年の人口を100とした場合の人口推移をみると，95年を底にいずれも大きく増加している(図2)．

　一方，対照的な動向がみられるのが，郊外の区である．例えば，東京都練馬区は，特別区の中でも典型的な郊外エリアとして，かつては比較的人口増加率が高い地域であった．しかし，2010～15年の練馬区の人口増加率は0.8%と1970年以降で最低を記録しており，東京23区内中の増加率ランキングでは20位である．

　また，横浜市の2010～15年の人口増加率はわずか1.0%にとどまっており，1970年以降で最低となった．その横浜市内においても，西区，南区，中区といった横浜市の都心に近い地域よりも，港北区，都筑区，鶴見区といった東京都に近い地域で人口増加率が高い．東京圏が一つの巨大な経済圏である以上，横浜市の都心よりも東京都心に近い方へ人口の重心がシフトしている．

④

都市のスポンジ化

〈POINT〉

- 穴の空いたスポンジのように，ランダム・無秩序に空き地・空き家が発生する「都市のスポンジ化」の発生が，コンパクトシティの効果を相殺し，外部不経済を生じさせる．
- 今後，団塊世代の相続期を迎えるのに伴い，これらの高齢者の居住住居が大量に空き家として発生することが予想される．また，都心部ではマンションの空室による立体的なスポンジ化も予想される．
- 潜在的な利用者とのマッチングを行うことで，都心部の空き地に新たな利用価値を見出し，あわせて狭隘道路の拡幅などの都市整備も進める形で都市のスポンジ化に対応する事例もみられる．

都市のスポンジ化が大きな問題に

「都市のスポンジ化」とは都市において，空き家，空き地等が，穴の空いたスポンジのように小さな敷地単位で，時間的・空間的にランダムに，相当程度の分量で発生すること，およびその状態を指す．国土交通省は，こうした都市のスポンジ化をめぐるさまざまな問題への対応方策を検討するため，2017年2月に社会資本整備審議会に都市計画基本問題小委員会を設置して検討を進め，同年8月10日に「中間とりまとめ」を公表した．

中間とりまとめでは，大都市・地方都市を問わず郊外の住宅地において，売却も賃貸もできず保有コストのみがかかる「負動産」と呼ぶべき放置・放棄された空き地・空き家が増加していること，大都市圏の郊外にあたるエリアでは開発当初から多くの敷地で建物が建たないまま空き地となっている「多孔団地」が存在していることが指摘されている．

さらに，中間とりまとめは，高密度な居住を可能としてきたマンションが老

14　　1　人口減少に直面する地方

朽化していく中，適切な維持管理がされないと「立体的なスポンジ化」ともいうべき状況が広がり，市場において解決困難な問題となる可能性についても指摘をしている．

空き地・空き家の発生メカニズム

空き地，空き家は，住宅の居住者が死亡，入院などの事情で不在となり，相続人などが利用せず，売却をしないもしくはできない，あるいは当面利用の必要がないために放置しておくといった個人的・家庭的な事情により発生する．

中間とりまとめは，空き地・空き家の発生メカニズムには，構造的な問題と摩擦的な問題があるとしている．構造的な問題とは，宅地化・建設された土地・建物の総量に対して，その需要が見合わないことである．摩擦的な問題は，個々の空き地などの発生に対して潜在的な需要があったとしても，その間に時間差があることや，用途変更などの手続きに時間がかかること，情報のマッチングが得られないことなどである．

都市のスポンジ化の影響

こうした空き家・空き地の発生は，街の魅力を低下させ，人口や歩行者数の減少といった形で街の賑わいを低下させ，風景・景観の悪化あるいはゴミの不法投棄の誘発，防災・防犯機能の低下といった外部不経済を発生させる恐れも高める．

中間とりまとめは，都市のスポンジ化について「拡散した市街地で人口が減少する，都市の低密度化は，都市住民の生活を支える医療・福祉，商業等のサービスの縮小・撤退による利便性の低下，行政サービスやインフラの維持管理の非効率化，環境負荷の増大等の弊害をもたらす」としている（図1）．その上で，「居住や都市機能を集約すべき区域において，スポンジ化という形態が過度に進行すれば，立地適正化計画等による居住・都市機能の誘導・集約の取組効果を減殺するものとなる」としている．

一方で，使い道が失われた土地は，土地利用の転換過程で生じる暫定的な需要の受け皿，都市部での将来のインフラ整備などのタネ地やゆとり空間になるといったプラスの面として評価できる要素もあるとしている．

④ 都市のスポンジ化　15

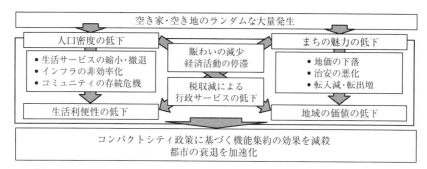

注) 上記は因果関係を表すものではない．
資料）国土交通省都市計画基本問題小委員会「中間とりまとめ」参考資料より，みずほ総合研究所作成

図1　都市のスポンジ化による影響可能性

抜けた穴を塞ぐ・埋める，穴の発生を防止する

　中間とりまとめは，空き地等の市場性や利用価値の有無によって対策を検討するとしており，現に発生した空き地の適正管理，有効利用の促進（抜けた穴を塞ぐ，埋めること），土地・建物の利用放棄が起きにくい環境を整備する（穴の発生を防止する）観点からの対処策を提案している．

　抜けた穴を塞ぐ，埋めるという観点からは，4つの対処方策が示されている．第一は，市場性がある空き地については，原則として市場メカニズムに委ね，そのための後方支援をすることである．第二は，土地などの仲介にかかる情報の集約やマッチングを行うことで，近隣住民などに利用価値がある土地などのニーズを発掘して，有効に土地活用できるものに引き渡し，集積を図っていくことである．第三は，サービス施設などが休廃止することによる都市機能の喪失を防止するため，事前に行政が把握し利用調整を行うことができる仕組み等を検討していく．第四は，低未利用地について当面の需要や有用性が認められる場合，暫定的な利用を積極的に評価していこうというものである．

　また，穴の発生を防止するという観点からは，都市空間の管理（マネジメント）を推進するための契約的手法の導入検討や，まちづくりを主体的に行うコミュニティ活動の推進を支援していく仕組みの検討などの対処方策が必要とされている．

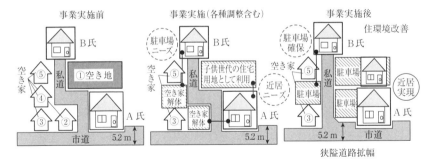

資料）国土交通省第1回都市計画基本問題小委員会「山形県鶴岡市渡会委員事例報告」(2017年2月15日)より，みずほ総合研究所作成

図2　ランドバンク事業(小規模連鎖型区画再編事業)のイメージ
　　　(山形県鶴岡市，NPOつるおかランド・バンク)

注目集めるランドバンク事業(小規模連鎖型区画再編事業)

　都市のスポンジ化を逆手に取って，都市問題を解決している事例もある．それが，山形県鶴岡市のランドバンク事業(小規模連鎖型区画再編事業)である．都市内部には，市場(取引)価値は失われても，近隣住民，コミュニティにとっても利用価値がある土地や，その利用者は存在している．ランドバンク事業では，市場で流通しない空き地・空き家を，産学官の関係者が参加するNPO法人つるおかランド・バンクなどが仲介・コーディネートし，空き家の解体，隣接者への売却と隣地との一体的利用，さらには前面道路拡幅を行う事業を連鎖的に行っている(図2)．この事例では，NPO法人などが空き地などの物件登録を受けて，情報を集約し流通を媒介しているが，土地が安く不動産業としては仲介手数料だけでは元が取れないため，主に公共が資金拠出したファンドから，コーディネート業務に対して助成することで民間による事業性を確保している．
　その他にも，地域コミュニティなどのために積極的に空き地を都市農地，緑地空間として活用していく事例などがある．
　自らの都市の価値を低下させないために，自治体だけでなく地域コミュニティ自身も都市空間の維持に努める役割がある．

⑤

消滅可能性都市

〈POINT〉

- 2014 年 5 月に民間会議体の「日本創成会議」は，地域間の人口移動が将来も収束せず，2010 年から 2040 年にかけて 20〜39 歳の女性が 5 割以上減少する自治体を「消滅可能性都市」と発表した．
- 「消滅可能性都市」は，全国で 896 自治体，全体の 49.8% に上ると推計されている．実際には「消滅可能性都市」とされた中には転入者が多い地域もあり，推計結果は一定の幅をもってみる必要がある．
- 人口減少対策として出生率の上昇が必要であるとともに，若い女性の流出に歯止めをかけなければ将来の出生数の増加は望めない．地方においては女性が活躍できる職場の確保が課題である．

過疎地域と高齢化

過疎地域とは，大都市への人口流出などにより人口が著しく減少したことに伴い地域社会の諸問題が生じている地域を指し，過疎地域自立促進特別措置法により，原則として市町村単位で指定されている．

2017 年 4 月 1 日現在で，過疎地域は 817 市町村あり，全市町村の 47.5% を占める．また，過疎地域の人口の推移をみると，過疎問題が顕在化し始めた 1960 年には 2,000 万人強であったが，その後過疎地域の人口減少がさらに進んだことから，2015 年には 1,100 万人弱となっている（図1左）．また，全人口に占める過疎地域の人口の割合は，1960 年には 21.8% であったが，2015 年には 8.6% にまで低下した．一方で，過疎地域の面積は全国の約 6 割を占めている．

過疎地域の人口増減を人の移動による「社会増減」と，出生数から死亡数を減じた「自然増減」に分けてみると，1988 年度以前は自然増を上回る社会減により人口減少が進んでいたが，89 年度以降は社会減と自然減の両方が進ん

18　　1　人口減少に直面する地方

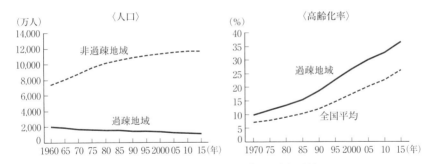

図1 過疎地域の人口と高齢者比率の推移

だ.その後しばらくは自然減より社会減の方が大きかったが,2009年度以降は自然減が社会減を上回っている.これは,過疎地域の高齢化の影響である.

過疎地域の高齢化率(65歳以上人口比率)をみると,1970年時点では9.8%であったが,2015年には36.6%にまで拡大している.2015年の全国平均の高齢化率は26.3%であり,過疎地域は約10%ポイント上回っている.なお,全国平均と過疎地域の高齢化率の差は拡大傾向にある(図1右).

消滅可能性都市の衝撃

2014年5月8日,有識者等でつくる民間会議体の「日本創成会議」(座長:増田寛也元総務相)は,「地方はこのまま推移すると,多くの地域は将来消滅するおそれがある」という衝撃的な推計結果を発表した.

これは,今後の「若年女性」(出生率が高い20〜39歳の女性)の人口見通しから判断されている.若年女性が高い割合で急激に減少するような地域では,今後,いくら出生率が上昇しても出生数は伸びないことから,将来的には人口減少が加速するためである.

推計では,地域間の人口移動が将来も収束せずに20〜39歳の男女ともに3割程度の人口が,大都市に流出することが前提とされている.この場合に,若年女性人口が2010年から2040年にかけて5割以上減少する自治体を「消滅可能性都市」としており,全国に896自治体,全体の49.8%に上ると推計されている.

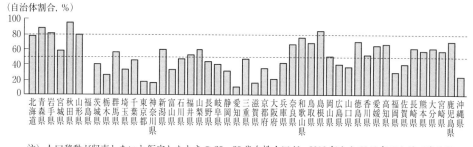

注) 人口移動が収束しないと仮定したときの20〜39歳女性人口が，2010年から2040年にかけて半分以下になる自治体数の割合．福島県については，今後の人口推計が困難なため，試算していない．
資料) 国立社会保障・人口問題研究所「日本の地域別将来推計人口」(2013年3月推計)，日本創成会議・人口減少問題検討分科会資料より，みずほ総合研究所作成

図2　都道府県別の消滅可能性自治体の割合

　都道府県別にみると，消滅可能性都市が8割以上となるのが，青森県，岩手県，秋田県，山形県，島根県の5県である．また，消滅可能性都市が5割以上となるのは，24道県に上る(図2)．さらに，896自治体のうち，2040年時点で人口が1万人を下回る市町村は523自治体，全体の29.1%であるが，これらの自治体はこのままでは消滅可能性が高いと指摘されている．

　なお，実際には，消滅可能性都市とされた市町村においても，転入者数が転出者数を上回る「転入超過数」が地域人口に占める割合(社会増加率)が高い地域もあり，推計結果は一定の幅をもってみる必要がある．

少子化対策と地方戦略

　日本創成会議は，消滅可能性都市の試算結果を発表するとともに，「ストップ少子化・地方元気戦略」を提言している．これは，人口減少の深刻な状況(特に地方の急激な人口減少)に関して国民の基本認識の共有を図るとともに，「ストップ少子化戦略」として若者の雇用・生活の安定を図ることや，結婚・妊娠・出産・子育て支援を実施すること，働き方改革の推進や，高齢者対策の見直しにより費用を捻出することなどが掲げられている．

　また，「地方元気戦略」としては，地方から大都市への人の流れを変えること，東京一極集中に歯止めをかけることを目標とし，若者に魅力ある地域拠点都市に投資と施策を集中させることが重要であると指摘されている．

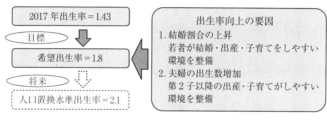

注）人口置換水準出生率は，人口が長期的に増減せず一定となる出生率．
資料）厚生労働省「人口動態統計」(2017年)，日本創成会議・人口減少問題検討分科会資料より，みずほ総合研究所作成

図3　出生率向上のための施策

少子化対策と女性に魅力的な仕事の確保がカギ

　地方における人口減少は楽観視できる問題ではない．人口減少社会への対応としては，まず出生率の上昇が必要である．2017年時点の合計特殊出生率(2頁参照)は1.43であるが，夫婦の意向や独身者の結婚希望等を踏まえた国民の「希望出生率」は，1.8とみられている．まずは，この差を縮めるために，若者が結婚し，子どもを産み育てやすい環境を整えることが急務である．なお，人口が長期的に増減せず一定となる「人口置換水準出生率」は2.1とされている．将来的には2.1を目指した少子化対策の実施が必要であろう(図3)．

　ただし，出生率が上昇しても，若い女性の数が減少しては，出生数の増加は望めないことは前述のとおりである．そこで，若い女性が地域で活躍できる場を確保することも重要な課題になる．地方の人口減少は，若者の大都市への流出による部分が大きい．若者が大都市へ移動するのは，大学進学や就職が契機となっているが，大学進学時に大都市へ転出しても，卒業後に地方に魅力的な仕事があれば，地方で就職する若者を増加させることが可能である．特に，女性の大学進学率が上昇する中，女子学生の就職先として人気が高いサービス業において，女性が活躍できる職場を確保できるか否かが，今後の地方の人口動向を左右する．

⑥

UIJ ターン

〈POINT〉

- UIJ ターンは主に大都市圏から地方圏へ移住するパターンの総称であり，人口減少に苦しむ地方圏にとって UIJ ターンの促進は非常に大きな意味合いを持つ．
- UIJ ターンを促進するには，大都市圏で就業している者に対して，地方圏への転職を伴う移住を促進することが重要だ．そのためには，地方圏への転職に関する不安を解消する必要がある．
- 転職先を選ぶ手段が限定的であることが転職を伴う UIJ ターンへの大きな不安である．地方圏の求人情報には労働時間，有給休暇の消化率，これまでの転職者の定着率など，より詳細な情報提供が望まれる．

大都市圏から地方への移住で注目される

　UIJ ターンとは，主に大都市圏から地方圏へ移住するパターンの総称である．そのうち U ターンとは，地方圏から大都市圏へ移住した者が，その後に再び生まれ育った場所へ戻ることを指す．J ターンとは，地方圏から大都市圏へ移住した者が，その後に生まれ育った場所近くにある県庁所在地など中規模以上の都市へ移住することを指す．I ターンとは，大都市圏で生まれ育った者が地方圏へ移住することを指す．

　地方圏での人口減少が大きな問題となる中，大都市圏から地方圏への移住促進が必要とされている．地方圏から大都市圏へ移住する者の多くを若者が占めており，大学進学率が 5 割を超える中，大学進学の際に大学が多く立地する大都市圏へ移住し，そのまま大都市圏で就職する者や，地方圏で大学を出た後の就職時に大都市圏に移住する者が多い．大都市圏から地方圏へ移住する場合，実家に住むケースを除いて新たな住居の確保が課題の一つとなるが，それ以上

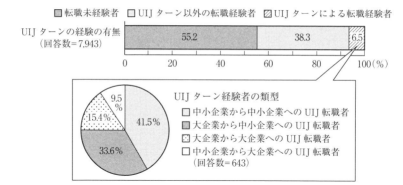

資料）経済産業省中小企業庁「中小企業白書（2015年版）」より，みずほ総合研究所作成
図1 転職経験とUIJターン経験

に大きな課題は，仕事の確保である．特に新卒時の就職先として大企業志向が根強いことを考えると，地方圏に多い中小企業を選んでもらうには情報提供以外にも工夫を重ねる必要があろう．例えば，創立者自らのUターン経験を生かして若者の中小企業でのインターン実施を支援するNPO法人G-net（岐阜県）のような取り組みが全国各地で広がっていく必要がある．

しかし，それらの工夫があったとしても，新卒者の根強い大企業志向を考えると，新卒者に最初に就職する企業として地方圏の中小企業を選んでもらうのは並大抵のことではない．そのため，UIJターンの現実的なターゲットは，新卒時には大都市圏で就職したものの，何らかの事情で転職を希望する者となろう．新卒時は就業経験の少なさから企業の知名度などが優先されるとしても，就業経験を経て転職時には知名度以上に適性ややりがいを重視するようになることも多く，地方圏の企業も転職先の有力な選択肢にしてもらうことでUIJターンを促進できるからだ．

そこで，UIJターンを含む転職者の実態を見てみよう．中小企業庁の調査によると，転職経験者は45％に上っており，そのうち7人に1人はUIJターンを伴う転職となっている（図1）．そして，注目すべきは，UIJターンで転職した者のうち，4人に3人が中小企業へ転職していることである．大都市圏と違い地方圏は大企業が少ないためであろう．

⑥ UIJターン

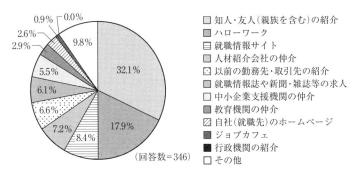

資料）中小企業庁「中小企業白書(2015年版)」より，みずほ総合研究所作成
図2　UIJターンに伴う転職時の就職先を見つけた手段

UIJターン増加への大きな課題は情報の充実

　次に，UIJターンを伴う転職の不安で断然多いのが「賃金収入の低下・不安定化」で，回答者の3割が挙げている．しかし，UIJターンを伴う転職による年収の変化では，半分近くが「減収していない」と答えている．地方圏は大都市圏に比べて物価が安いことを考えると，賃金が低下しない転職は非常に魅力的で，UIJターンを伴う転職者の半数が減収していないことは注目に値する．

　一方，UIJターンを伴う転職で重要なのは，就職先を見つける手段であろう．UIJターンを伴う転職時に就職先を見つけた手段をみると（図2），「知人・友人の紹介」が3割，「ハローワーク」が2割，「就職情報サイト」が1割程度となっている．UIJターンを伴う転職市場を活性化させるには，地縁・血縁のない地方への転職を増やす必要があり，就職情報サイトなど，誰もが簡便にアクセスできるインターネットを利用した地方圏での就職先情報の充実が欠かせない．さらに，転職希望者は一度は就業経験があるため，就職先を選ぶ基準は新卒時以上に，個人の多様なライフスタイルを反映したものとなろう．したがって，地方圏の求人情報では労働時間，有給休暇の消化率，これまでの転職者の定着率など，より詳細な情報提供が望まれる．

2 重点施策としての地方創生

総合的な地域政策に関わるキーワード

① まち・ひと・しごと創生
② 地方人口ビジョン
③ 国家戦略特区
④ 政府機関の地方移転
⑤ 小さな拠点
⑥ 日本版 DMO

① まち・ひと・しごと創生

〈POINT〉

- 政府は地方創生を合言葉に，地方圏の人口減少に歯止めをかけることを模索している．この地方創生の大きな特徴は，人口減少対策として「しごと」に焦点があてられたことである．
- 地方圏の人口減少の主因は若者，特に若い女性の流出である．若い女性の流出は将来を担う子どもの減少に直結することから，人口減少を加速させる．
- 地方創生が目指す仕事の確保は容易ではない．地方圏では地域資源を使った付加価値の高い産業創出に向けて，これまでの常識にとらわれず，より一層工夫していく必要があろう．

地方圏の人口減少対策では若者向けの仕事づくりが重要

2014年5月，地方自治体の約半分が人口減少によって30年後に消滅する危機にあると，有識者等でつくる民間会議体の「日本創成会議」が報告した(1-⑤参照)．この報告は大きな反響を呼び，人口減少対策は今や地方圏の重要なテーマの一つとなっている．そのため，政府は2014年に「地方創生担当相」を新設し，「まち・ひと・しごと創生本部」を発足させた．その上で，東京圏への過度な人口集中を是正して地方圏に仕事をつくるなど，地方創生の方向性を定めた「まち・ひと・しごと創生法」が2014年に，地域活性化を統合的に支援する「地域再生法の一部を改正する法律」が2016年に施行された．政府は使途に制限を加えない交付金創設等により，地方圏の自治体の創意工夫が発揮されることを期待している．

地方圏の人口減少の主な原因の一つは若者，特に若い女性の流出にある．それは，将来を担う子ども世代の人口の減少に直結するからだ．そこで，地方創

26 　 2 重点施策としての地方創生

表1　地方創生の原則

項　目	概　　要
自 立 性	地方・地域・企業・個人の自立に資するものであること．この中で，外部人材の活用や人づくりにつながる施策を優先課題とすること
将 来 性	地方が主体となり行う，夢を持つ前向きな取り組みに対する支援に重点をおくこと
地 域 性	国の施策の「縦割り」を排除し，客観的なデータにより各地域の実情や将来性を十分に踏まえた，持続可能な施策を支援するものであること
直 接 性	ひと・しごとの移転・創出を図り，これを支えるまちづくりを直接的に支援するものであること
結果重視	プロセスよりも結果を重視する支援であること．このため，目指すべき成果が具体的に想定され，検証等がなされるものであること

資料）まち・ひと・しごと創生本部「まち・ひと・しごと創生に関する政策を検討するに当たっての原則」(2014年)より，みずほ総合研究所作成

生により若者の仕事を創出することで，地方の人口減少に歯止めをかけることが目指されている．各自治体は地方創生の推進に向け，若者の流出など人口減少の現状を分析した上で，2060年の人口目標を記す「地方人口ビジョン」と，2060年の目標人口に向けて2015〜19年度に行う事業計画を盛り込んだ「地方版総合戦略」を策定した．その際，政府は各自治体の早期の戦略策定を支援するために，2015年10月までの策定終了や先駆的な事業提案について，上乗せ交付金を用意した．そのため，多くの自治体にとって地方人口ビジョンと地方版総合戦略の策定は数カ月程度という短期間で対応することが求められることとなった．

「地方創生の原則」で「自立性」「結果重視」が強調される

　その地方創生で大きな話題を呼んだのが，地方創生の原則である(表1)．例えば，「自立性」である．これまでの地方政策は護送船団方式的な傾向が強く，どの地域も脱落しないよう，国が手厚く面倒をみるというイメージが強かった．しかし，今回の地方創生では国はやる気のある地域とそうでない地域を選別し，前者に支援を集中させるという．地方圏の自治体，住民，企業がこれほど明確に自立性を問われたことはなかったはずだ．

　また，「結果重視」も地方創生の大きな特徴であろう．地方創生では，プロ

① まち・ひと・しごと創生

セスにかかわらず結果が第一に問われる．地方創生は2019年度までの5年間行われるので，それまでに具体的な結果を出す必要がある．もちろん，問われている結果とは，地方創生に関する事業を着実に遂行したというレベルにとどまらない．地方創生に関する事業が地方圏の人口に与えた影響を問われているのである．政策の評価基準には，インプット（投入された予算），アウトプット（投入された予算によって行われた施策），アウトカム（投入された予算によって行われた施策がもたらした影響）の3つがあり，これまでの日本の政策評価では，概ねインプットとアウトプットまでにとどまってきた．しかし，地方創生ではついに結果を求められることになった．その上，地方創生の原則では，結果のためにはプロセスは問わないとまで記されている．つまり，地方圏は人口減少に歯止めをかけるためにできる限り努力してもらいたいというのが地方創生の本旨といえよう．

地域資源を活用した産業の振興に大きな期待がかかるが

地方創生で仕事づくりの成果を期待する政府は，地域資源を活用した産業振興に期待をかけている．しかし，各地の現状を見ている限りでは，そのような産業では，若者の雇用吸収力に課題があろう．例えば，観光業は地域資源を活用した代表的な産業であり，若い女性の就職先としても人気がある．しかし，著名観光地の人口動向をみると，例えば全国的にも知名度の高い函館市や小樽市は，中山間地域の地方自治体を想起させるほどの急激な人口減少に見舞われている．賃金があまり高くなく，非正規労働への依存度が高いままでは，観光業の振興で人口減少に歯止めをかけるのは難しいのではないか．また，高知県馬路村はユズの加工品で，徳島県上勝町は刺身などの「つまもの」を生産する「葉っぱビジネス」により，条件不利地域での地場産業活性化事例として知られるが，ともに高度成長期以降，人口が減少し続けている（図1）．特に2010年から2015年にかけての馬路村の人口減少率は，財政破綻に苦しむ北海道夕張市とほぼ同じで，全国でも有数の人口減少自治体となっている．

そもそも，地域の潜在的な資源を生かした産業振興は長らく叫ばれており，これまでさまざまな地域活性化策が行われてきた．しかし，高学歴の若者の仕事確保により人口減少に歯止めをかけることに成功した例はほとんど見られな

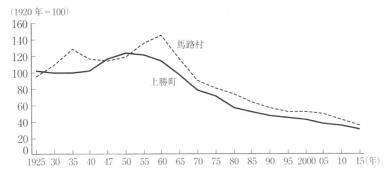

注）戦争の影響で1947年に調査．
資料）総務省統計局「国勢調査結果」（各年版）より，みずほ総合研究所作成

図1　高知県馬路村と徳島県上勝町の人口動向

い．例えば，政府による自由度の高い交付金制度としては，1988年から1989年にかけて全自治体に1億円を交付した「ふるさと創生事業」が有名であるが，目立った地域活性化効果はあまり出ていない．

さらに，政府は地方圏における人口流出阻止機能を「人口のダム機能」と称し，それが期待できる都市として，約60カ所に上る地方中枢拠点都市を挙げている．大都市圏では巨大な人口集積と高い人口密度から生み出される第3次産業の発展により，高学歴の若者にとって魅力的な仕事が多く生まれているが，地方圏の高学歴の若者向けの仕事創出の経験がほとんどない自治体ではモノ・カネに限界もあり，なかなか太刀打ちできない．例えば，「まち・ひと・しごと創生本部」事務局から北海道の都市別人口動向を分析した資料が2014年に発表されているが，そこには札幌市が職住近接を願う若者だけでなく，医療機関等の充実を願う高齢者をも含め，札幌市とその周辺への一極集中が進んでいることが示されている．北海道のその他の都市が北海道随一の大都市圏である札幌市に対抗するのが難しいように，地方圏では域内の大都市圏への人口の一極集中は避けられず，対東京圏で人口のダム機能を期待できるのは，各地域を代表するような大都市圏に限られるのではないか．したがって，人口減少に歯止めをかけるには，地方圏の大都市を除くすべての自治体がこれまでの常識にとらわれず，抜本的な対策を講じていく必要があろう．

① まち・ひと・しごと創生

② 地方人口ビジョン

〈POINT〉

- 「地方人口ビジョン」では，各自治体において人口の現状分析とそれを踏まえた将来人口の推計が行われた．各自治体が人口減少の背景に向き合うきっかけになったことは地方創生の大きな意義の一つであろう.
- 人口減少の深刻さは自治体ごとに違うが，総じて小規模自治体ほど深刻なものとなっている．小規模自治体では，若者向けの仕事づくりに困難が伴う.
- 地方人口ビジョンでは，国の意向を反映した願望レベルの将来推計人口の結果よりも，人口の現状分析と地方版総合戦略に記されている人口減少対策との関係性に注目すべき.

▍地方の人口減少に向き合うきっかけとなった「地方人口ビジョン」

政府が推進する現行の地方創生では，各自治体はまち・ひと・しごと創生に関するさまざまな施策についての地方版総合戦略を定める一方，その前提となる当該自治体の人口の現状分析とそれを踏まえた人口の将来展望を記した，地方人口ビジョンを策定する必要があった．そのため，多くの自治体は 2015 年度中に地方人口ビジョンを策定した(2-①参照).

日本全体の人口は 2008 年をピークに減少し始めているが，戦後まもなくの時点で人口が減少し始めた自治体があるなど，以前から長年にわたり住民の減少に苦しんでいる自治体は少なくない．しかし，これまで将来推計人口を独自に策定する自治体は，多くはなかった．今回初めて詳細な人口の分析を行った自治体もあり，それぞれの地域が人口減少に向き合う大きなきっかけになったことは，地方創生の大きな意義の一つといえよう.

表 1 北海道における人口減少の段階別，人口規模別市町村数

	市町村の人口規模(人)					合　計
	10万〜	3〜10万	1〜3万	5千〜1万	〜5千	
第1段階	16	11	13	10	11	61
第2段階	1	2	7	9	3	22
第3段階	1	1	18	33	52	105
合　計	18	14	38	52	66	188

注）北海道は 179 市町村で構成されているが，札幌市は 10 の各行政区で
　　計算しており，合計は 188 となっている．
資料）内閣官房まち・ひと・しごと創生本部事務局「「地方人口ビジョン」
　　及び「地方版総合戦略」の策定に向けた人口動向分析・将来人口推計に
　　ついて」(2014 年)より，みずほ総合研究所作成

自治体ごとに人口減少の深刻さは違う

　国立社会保障・人口問題研究所は 5 年に 1 回の国勢調査ごとに過去 5 年間の自治体別の人口動向を考察し，それを延長させる形で都道府県および市町村ごとに将来推計人口を作成している．比較的精度が高いとされるこの将来推計人口を各市町村は活用しているが，この推計は結果を中心に示されており，各自治体で出生や人口移動の前提を置いてシミュレーションするのは難しい．しかし，地方創生は人口について結果を出すことが求められているため，出生促進や転出抑制の政策がどのような効果をもたらすのかを把握するためには，各自治体がそれぞれ独自の将来推計人口を作成する必要がある．

　地方人口ビジョンにおいて大きな特徴となっているのが，各自治体の人口変動段階の分析である．社会の発展段階によって，「多産・多死」から「多産・少死」を経て「少産・少死」の段階に至り，いずれ人口減少社会に突入していくことはよく知られている．その一方で，人口減少がいかにして進むのかは，あまり理解されていなかった．人口減少がどの程度深刻な状況になっているのか，各自治体が把握することが地方創生において重要である．

　まち・ひと・しごと創生本部が作成した地方人口ビジョンのマニュアルによると，北海道の市町村における分析を例として，「第 1 段階：老年(65 歳以上)人口の増加」，「第 2 段階：老年人口の維持・微減」，「第 3 段階：老年人口の減少」の順に人口減少が進んでいくとされる．つまり，各地域は少子化や若者の

② 地方人口ビジョン　　31

転出増加によって地域の将来を支える者が減少していく中，中高年者の加齢により高齢者が増えるが，その高齢者もいずれ減少していくので，急激な人口減少に見舞われることになる．

小規模自治体ほど人口減少が深刻

　北海道の事例から明らかなのは，小規模自治体ほど人口減少が進んでいるという実態である．自治体における割合をみると，人口が10万人〜では約9割，3〜10万人では約8割が第1段階にとどまっているのに対し，1〜3万人では約5割，5千〜1万人では約6割，〜5千人では約8割が第3段階となっている（表1）．人口規模別で第2段階の割合が大きなところはなく，経済圏ごとにその中心にある自治体への人口集中が進んでいることがわかる．総じて経済圏の中心自治体は出生率がその郊外にある自治体より低いものの，人口集積を生かしたサービス業が，郊外よりも盛んである．このサービス業が若者の就業先となり，経済圏の中心自治体への人口集中につながっている．

　自治体の将来人口を推計するにあたって分析すべきは出生・死亡の自然増減と転出・転入の社会増減であるが，人口減少が進んでいる自治体にとってより重要なのは，社会増に結びつく仕事づくりである．たとえ少子化対策により自然増が確保できたとしても，生まれた子どもが成長後に転出すると人口減少に歯止めがかからない．地方創生でこれまでの地域活性化策に比べて仕事づくりに焦点が絞られているのは，このような人口減少自治体の現状を反映したものといえる．

人口のⅤ字回復が散見される各自治体の地方人口ビジョン

　各自治体の地方人口ビジョンで散見されるのは，いずれ人口減少に歯止めがかかり，Ⅴ字回復に転じるというものである．図1は全国でも最も早い時期に地方人口ビジョンを明らかにした京都府にある京丹後市の将来推計人口であるが，国立社会保障・人口問題研究所の将来推計人口では人口減少が加速するとされながら，京丹後市は先行きの人口がⅤ字回復する将来像を示した．

　このように自治体が国立社会保障・人口問題研究所とまるで違う推計結果を出している背景には，国のシナリオがある．国は人口の中長期的な目標として，

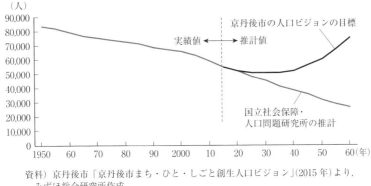

図1 京丹後市の人口ビジョンにおける人口推移

2020年に東京圏の転入超過をゼロにし,また日本の出生率を1.8まで引き上げるとしている.多くの自治体はこれに従い,出生率が上がり,転出超過がなくなることを前提に地方人口ビジョンを策定している.つまり,地方人口ビジョンの多くは,国の楽観シナリオに基づく願望レベルとなっている.

そのため,地方人口ビジョンおよびそれをベースとしている地方版総合戦略において注目すべきは,人口の分析と地方創生の各施策がどこまで密接な関係であるのかということであろう.特に仕事づくりでは,追加的雇用がどの程度発生するのかが鍵である.例えば,毎年10人の若者が流出する小規模自治体では転出超過をゼロとするには10人分の雇用を毎年つくらなければならず,困難が伴う.

また,地方創生では住宅建設の推進を掲げる自治体が目立つ.仕事づくりは経済圏の中心にある自治体に任せて,そこに通勤する人を受け入れることで人口を増やす方策であろう.空き家増加が問題視される中,同じ経済圏内の自治体で人口を奪い合うような形は,望ましい地方創生とはいえない.

このように,地方創生では転出に歯止めをかけるための仕事づくりの難しさと,同じ経済圏内の自治体間で人口を奪い合う構図が浮き彫りとなっている.地方創生で仕事づくりによる転出減少を目指すなら,同じ経済圏にある自治体は一致協力していくことが今後望まれよう.

③

国家戦略特区

〈POINT〉

- 「国家戦略特区」は，総理・内閣主導のトップダウンで規制改革を進める仕組みで，国際競争力強化や地方創生を牽引する役割が期待されてきた．これまで 10 区域が指定され，86 項目の規制改革が実現した．
- 自動走行やドローンの実証実験を行いやすくする「近未来技術実証」も特区内で進められたが，より利便性の高い「レギュラトリー・サンドボックス」(規制の砂場)が新たに導入される運びとなった．
- 特区事業が比較的順調な兵庫県養父市は，自らが活用してきた「企業による農地取得の特例」を全国に広げるよう提案している．特区で実施された規制改革の全国展開を積極化することが今後は求められる．

安倍政権の成長戦略の目玉として誕生

「国家戦略特区」(国家戦略特別区域)は，第二次安倍政権の発足当初から成長戦略の目玉とされた政策で，国際競争力強化に向けた起爆剤としての役割が期待された．それまでもわが国では，小泉政権時の 2003 年に始まった規制改革を主な手段とする「構造改革特区」や，民主党政権下で 2011 年に導入された税制・金融・財政上の支援も伴う「総合特区」といった仕組みが存在していた．これら既存の特区は，地方からの提案を受けて国が受け身で対応するボトムアップ型の制度という性格が強かった．

これに対し，国家戦略特区は，総理・内閣主導のトップダウン型を指向しているのが大きな特徴だ．具体的には，指定された特区ごとに「区域会議」が設けられ，国・自治体・民間の三者が対等の立場で協議した上で，最終的には，総理大臣が議長を務める「特区諮問会議」の場でオープンな議論を行い，総理のリーダーシップで意思決定を行うという枠組みが作られた．

表1　10の国家戦略特区とその主要テーマ

対象区域	主要テーマ
東京圏	国際ビジネス，イノベーションの拠点
関西圏	医療等イノベーション拠点，チャレンジ人材支援
新潟市	大規模農業の改革拠点
養父市	中山間地農業の改革拠点
福岡市・北九州市	創業のための雇用改革拠点
沖縄県	国際観光拠点
仙北市	農林・医療の交流のための改革拠点
仙台市	女性活躍・社会起業のための改革拠点
愛知県	産業の担い手育成のための教育・雇用・農業等の総合改革拠点
広島県・今治市	観光・教育・創業等の国際交流やビッグデータの活用

資料）内閣府資料より，みずほ総合研究所作成

指定された 10 区域はさまざまな事業を展開

　これまでに国家戦略特区は 10 の区域が指定され，86 項目の規制改革が実現している（表1）．

　2014 年 4 月に初めて指定されたのが，東京圏（東京都内の 9 区（後に東京都全域へ拡大），神奈川県，千葉県成田市），関西圏（大阪府，京都府，兵庫県），新潟市，兵庫県養父市，福岡市，沖縄県の 6 区域である．安倍政権はその後，国家戦略特区の枠組みを地方創生にも活用する方針を掲げ，2015 年 3 月に，秋田県仙北市，仙台市，愛知県が「地方創生特区」の指定を受けた．さらに同年 12 月には，地方創生特区の第二弾として，広島県および今治市，千葉市，北九州市の 3 つが選ばれ，千葉市と北九州市の指定については，東京圏と福岡市の特区をそれぞれ拡大する形で対応された．

　また，自動走行や小型無人機（ドローン）といった実用化が急がれる技術分野を対象に，国家戦略特区において速やかに実証実験を行えるようにするための環境整備も図られた．「近未来技術実証」と呼ばれるこの取り組みは 2016 年から本格化し，神奈川県藤沢市や仙台市などでは自動走行の，千葉市や仙北市などではドローンの実証実験がそれぞれ行われた．

　これまでに指定を受けた 10 の国家戦略特区の中で，比較的順調に事業が進んでいるのが養父市である．中山間地域に位置する養父市は，多様な担い手を

③　国家戦略特区　　35

確保して農業の持続可能性を高めるため，国家戦略特区に認められる「農業生産法人の要件緩和」と「企業による農地取得の特例」を活用した．2017 年 9 月時点で 13 の企業が農業生産法人を設立して営農しており，うち 4 社が農地を取得している．その結果，多くの耕作放棄地や休耕田が再生されるとともに，ニンニクやリンドウなどの新たな産地化が進み，また農業における女性の活躍も目立つようになってきたという．

注目される新たな試み「レギュラトリー・サンドボックス」

特区諮問会議や区域会議においては，実に多種多様な規制改革の議論が継続されているが，国家戦略特区に関して特に最近注目される動きが二つほどみられる．一つは，「レギュラトリー・サンドボックス」だ．

レギュラトリー・サンドボックスは「規制の砂場」という意味で，さながら子どもが砂場で遊ぶように，試行錯誤のための社会実証を「まずはやってみる」ことを許容する枠組みである．これまで国家戦略特区で活用されてきた近未来技術実証は，一定の成果が認められる半面，事業者側からは，場所や時間の限定など多くの制約が課せられ，また関係機関との事前調整にも相当の時間を要するとの声が上がっていた．そこで，今回創設されるサンドボックス制度では，監視・評価体制を設けて事後チェックを強化する代わりに，事前規制を最小化する方向が明確となった(表2)．国家戦略特区法の改正を経た上で，2018 年度中には自動走行やドローンなどを対象とした特区版サンドボックスが始動する見込みである(これとは別に，ロボットや人工知能などの先端技術を対象とした全国的なサンドボックス制度も導入される)．

もう一つは，外国人材の受け入れである．近年の労働力不足などもあって，安倍政権は，いわゆる移民政策はとらない方針を堅持しつつ，真に必要な分野における外国人材の受け入れをより前向きに検討している．国家戦略特区の枠組みでも，2015 年 9 月には家事支援サービスに関わる外国人材の受け入れが一定条件の下で解禁され，東京都や神奈川県，大阪府がすでに制度を活用している．また，2017 年 9 月には，農業やクールジャパン・インバウンド分野(アニメ，ファッション，食など)における外国人材の就労を促進する国家戦略特区法の改正法が施行された．これを受けて，愛知県は，高度な栽培技術を要する施

表2　特区版レギュラトリー・サンドボックス制度の概要

✓ 国家戦略特区内に地域限定型のサンドボックス(規制の砂場)を設け,近未来技術に関連する実証実験を,より迅速・円滑に実現できるようにする
✓ 対象分野は,自動走行,小型無人機(ドローン)等を想定
✓ 以下の条件をもとに,関連規制が求める要件を実質的に満たしたものとみなす 　• それぞれの特区の区域計画において,事業内容や安全対策等を盛り込んだ「サンドボックス実施計画」を定める 　• それぞれの特区の区域会議の下に,専門家による「監視・評価委員会」を設置し,事後チェック体制の強化を図る

資料）内閣府資料より,みずほ総合研究所作成

設園芸における専門外国人材の受け入れを,大阪府は,日本で調理師や理容師・美容師の国家資格を取得した留学生の就労を認めるスキームをそれぞれ国に提案している.

特区で成果が挙がった規制改革の全国展開を積極的に

　国家戦略特区制度は,地域を限定して大胆な規制改革を認めることで,指定された特区が経済活性化の起爆剤,あるいは地方創生の先導役となることを狙っている.初回の特区指定から4年以上が経ち,この制度を通じた成果と課題がそれなりにはっきりと見える段階になってきた.

　こういう中で,今後特に求められるのは,特区で限定的に認められてきた規制改革の全国展開である.養父市の広瀬市長は,2017年9月に開かれた特区諮問会議の場で,同市が活用した企業による農地取得の特例を全国に拡大するよう提案した.わが国に約1,700ある自治体で,仮に養父市と同じく4事業者ずつが農地を取得して農業参入すれば,6,800もの担い手が誕生するというのである.

　むろん,農業分野のみならず規制改革全般において拙速な議論は禁物であるが,特区での事業を通じて一定の成果が確認され,かつ特段大きな支障が生じなかった規制改革項目については,できる限り前向きに全国展開を検討すべきであろう.

④

政府機関の地方移転

〈POINT〉

- 地方創生の一環として，政府関係機関の地方移転が進められている．自治体からの誘致提案をもとに検討された結果，中央省庁については7局庁が，研究機関・研修機関では23機関50案件が対象となった．
- その中でも，文化庁の京都への全面的移転は大がかりなプロジェクトだ．2017年4月には「地域文化創生本部」が京都市内に先行的に設置されており，2021年度中には移転が完了する見通しである．
- 研究機関・研修機関については，地方への機能移転はスタートにすぎず，将来的に地域イノベーションの創出や地域経済への波及効果につながることが期待され，政府は適宜フォローアップする方針である．

地方創生の一環として中央省庁と研究機関・研修機関を移転

　地方創生の実現に向けて2014年末に策定された政府の「まち・ひと・しごと創生総合戦略」では，「地方への新しいひとの流れをつくる」が基本目標の一つに位置づけられ，具体的には東京圏と地方の人口の転出入の均衡を目指すとされた．そして，これに関連する政策として，地方移住の推進や企業の地方拠点強化などと並んで掲げられたのが，政府関係機関の地方移転である．

　地方創生においては，地方の自主性を重んじ，国は地方の取り組みを支援するのが基本とされる．そのため，政府関係機関の地方移転についても，まずは自治体からの誘致提案を受け付けることとなり，2015年8月末までに42道府県から69機関に関する提案が寄せられた．その後，政府での検討が進められた結果，2016年3月に「政府関係機関移転基本方針」が，同年9月には「政府関係機関の地方移転にかかる今後の取組について」がそれぞれ決定され，中央省庁や研究・研修機関の地方移転に関する具体的な中身が固まった（図1）．

38　｜　2 重点施策としての地方創生

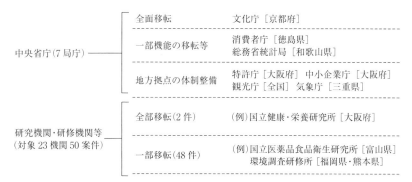

図1　政府関係機関の移転の方向性

中央省庁に関しては，7つの局庁が対象とされた．具体的には，①文化庁を京都へ全面的に移転する，②徳島県に消費者庁の「消費者行政新未来創造オフィス」を2017年度に開設し，実証に基づく政策の分析・研究機能を中心とした消費者行政の発展・創造の拠点とする(同オフィスの拡大等も視野に3年後を目途に検証・見直しを行う)，③和歌山県を関西圏の統計データ利活用の拠点と位置づけ，2018年度に総務省統計局は「和歌山県データ利活用推進センター」を置く，④特許庁，中小企業庁，観光庁，気象庁において，地方の支局等の新たな体制整備を進める，といった内容である．

一方，独立行政法人などの研究機関・研修機関については，23機関50案件を対象に，既存機能の一部移転や連携拠点の拡充などの方向性が定められた．また，各機関は，国・地方の関係者と共同で，以後5～10年程度の具体的な展開を明確にした「年次プラン」を2016年度中に作成することとされた．

段階的に進められる文化庁の京都移転

これら政府関係機関の地方移転の中でも，文化庁の京都への移転は大がかりなプロジェクトとなるため，計画的かつ段階的に進められている(図2)．まず第一段階として，2017年4月に「地域文化創生本部」が京都市東山区に設置された．同本部は，本格移転の準備を進めるとともに，文化財を活かした広域

2015 年 3 月	2016 年 1 月	2016 年 3 月	2017 年 4 月	2018 年度内	遅くとも2021 年度中
国が地方自治体に政府関係機関移転の提案を求める	京都府・京都市・経済界など「オール京都」で国に文化庁移転の要望を提出	文化庁の京都への全面的な移転が決定	文化庁「地域文化創生本部」が京都市東山区で活動開始	文化庁の機能強化と全面的な移転に向けた組織改正予定	現・京都府警察本部本館(京都市上京区)に移転完了予定

資料) 京都市総合企画局文化庁移転推進室資料より, みずほ総合研究所作成

図 2 　文化庁の京都移転のスケジュール

文化観光の推進や, 幅広い文化芸術資源を活用した地域経済の活性化などに取り組んでいる. 今後の予定としては, 所要の法令整備を経て, 2018 年度中に文化庁の機能強化と全面的な移転に向けた組織改正を実施した上で, 遅くとも2021 年度中には現在の京都府警察本部本館(京都市上京区)への移転完了を目指すこととなっている. ただし, 京都移転後も, 国会対応や外交関係, 他省庁との連携調整などに関わる業務は引き続き東京で行われる.

　このように, 一部機能が東京に残るとはいえ, 一つの中央省庁が地方へ全面的に移転するのは極めて画期的である. 文化庁は, 京都移転を機に, 観光, 産業, まちづくり, 教育, 福祉といったさまざまな分野との連携を強化するなど, 新たな政策ニーズに対応した「新・文化庁」となることを標榜している. 東京一極集中の是正という観点からも, 今回の文化庁の京都移転が, 地域の社会経済にプラスの効果をもたらし, 将来的にさらなる政府機能移転を検討する際の良いモデルとなることが望まれる.

研究機関・研修機関の移転による効果を国がフォローアップ

　中央省庁と並んで地方移転の柱となっている研究機関・研修機関については, 地方への研究拠点等の設置はスタートにすぎず, それが将来的に地域イノベーションの創出や地域経済への波及効果などにつながることがゴールと捉えられている(図3). 2016 年度中の作成が求められていた年次プランはすでに出そろっており, 政府では現在, そのフォローアップをどのように行うのかが検討さ

40　　2 重点施策としての地方創生

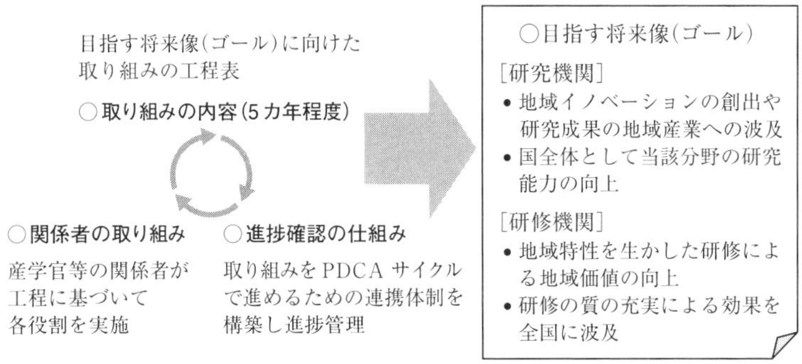

資料）政府関係機関移転に関する有識者懇談会（2017年10月23日）配布資料より，みずほ総合研究所作成

図3　研究機関・研修機関等の地方移転に関する年次プランの概要

れている．具体的には，①フォローアップは毎年行う，②共同研究や研修のテーマ数，地域への波及効果などをモニタリング指標に設定して進捗をチェックする，③自律的な工程管理を促すために，各機関の中長期目標で移転への取り組みを明確に位置づける，といった方向性が示されている．

これに加え，フォローアップにおいては，研究機関・研修機関の移転に際して地方創生推進交付金等による国の支援が講じられている点を踏まえ，「かかった費用に見合うだけの便益が生じたのか」という視点からの定量的な評価も試みるべきであろう．また，地方への「移転」と称しながら，実際には当該機関の機能が単に拡充されて焼け太りになるのではないかと懸念する向きもある．こうした結果にならないよう，厳しい目で進捗を監視する必要がある．

働き方改革の観点からも検討される行政機能の分散

安倍政権が地方創生の一環として取り組んでいる政府関係機関の地方移転だが，最近では，国家公務員の働き方改革を推進する観点から，中央省庁のサテライトオフィスの地方設置について可能性を模索する動きもみられる．行政機能の分散を図るこうした一連の取り組みを通じて，より効率的・効果的な行政が実現するとともに，地域経済の活性化や地方への人口流入の増加などにもつながることを期待したい．

⑤

小さな拠点

〈POINT〉

- 「小さな拠点」とは中山間地域等において生活に必要なサービス機能やコミュニティ機能などを維持・持続させるために，こうした施設や機能が一定の範囲に集積・確保されているエリアを指す．
- 2017年6月現在で908もの「小さな拠点」が存在しており，小学校区や旧小学校区を対象とした取り組みを進めている．
- 「小さな拠点」づくりには，地域住民が立ち上がり，現状をしっかりと見つめ，将来の自らのあり方を考えた上で取り組むことが重要である．また，少しがんばればできることから取りかかり，成功体験・試行錯誤を繰り返しながら発展させていくことが必要である．

なぜ，「小さな拠点」・地域運営組織なのか

　中山間地域等の条件不利地域では，人口減少や高齢化が進行する中で，生活を支える買い物や医療・福祉などのさまざまなサービスの提供が困難になるなど，集落の暮らしの維持に必要な機能が失われつつある状況が顕在化している．こうした中で，住民自らが地域での暮らしを守るための取り組みを進めていく動きなどが出てきている．政府では，こうした自主的な取り組みを全国的に広げていくため，「小さな拠点」づくりを進めている．

　国土交通省では，「小さな拠点」を「小学校区など，複数の集落が集まる基礎的な生活圏の中で，分散している様々な生活サービスや地域活動の場などを「合わせ技」でつなぎ，人やモノ，サービスの循環を図ることで，生活を支える新しい地域運営の仕組みをつくろうとする取組」であるとしている．また，「小さな拠点」と周辺集落とをコミュニティバスなどの移動手段で結ぶことで，生活の足に困る高齢者なども安心して暮らし続けられる生活圏の形成を目指す

42　　2　重点施策としての地方創生

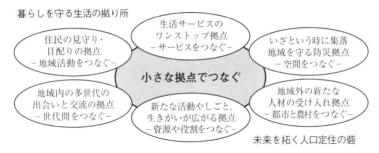

資料) 国土交通省「実践編「小さな拠点」づくりガイドブック」(2015年3月)より，みずほ総合研究所作成

図1 「小さな拠点」の役割(つなぐ)

ともしている(図1). 同時に「小さな拠点」は，集落地域の暮らしを守る「生活の拠り所」として，また地域への未来を拓く「人口定住の砦」となることも期待されている.

全国で1,000カ所の設置を目指す「小さな拠点」

　政府は，「まち・ひと・しごと創生総合戦略2017改訂版」(2017年12月22日閣議決定)において，集落生活圏の維持に向けた「小さな拠点」の形成の重要業績評価指標として，「小さな拠点」(地域住民の活動・交流や生活サービス機能の集約の場)の形成数1,000カ所，および住民の活動組織(地域運営組織)の形成数5,000団体の二つを設定している.

　内閣府が2017年8月に公表した「平成29年度小さな拠点の形成に関する実態調査」の調査結果によれば，回答のあった市町村のうちの約24%にあたる424市町村において，すでに「小さな拠点」が形成されている. このうち市町村版の総合戦略に位置づけて取り組みを進めている「小さな拠点」は，908カ所である. なお，同調査での「小さな拠点」とは，市街化区域を除く中山間地域等において，地域住民の生活に必要なサービス機能(医療・介護・福祉，買物，公共交通，物流，燃料供給，教育等)やコミュニティ機能を維持・確保するため，旧町村の区域や小学校区等の集落生活圏において，生活サービス機能や地域活動の拠点施設が一定程度集積・確保されている施設や場所・地区・エリアとされている.

写真1　マイクロスーパー「はたマーケット」（島根県雲南市）の外観.

　同調査の対象となる908の「小さな拠点」は，対象とする集落生活圏の範囲としては小学校区や旧小学校区が多く，主として立地している施設は，バス停留所，郵便局，食料品・日用品販売店，運動施設等，飲食店，小学校の順に多くなっていて，都市部との公共交通は93％の箇所で形成されているといった状況となっている．また，83％の箇所では地域運営組織が形成され，「小さな拠点」を含む集落生活圏の課題解決に取り組んでいる．

小学校区単位で地域の支え合いを目指す「小さな拠点」

　例えば，島根県雲南市の波多地区の波多コミュニティ協議会では，小学校区を対象とし，旧波多小学校を拠点とした取り組みを行っている．同協議会では，地区唯一の個人商店が閉店となったことから全日食チェーンのマイクロスーパー「はたマーケット」をオープンさせた（写真1）．協議会所有の有償運送用の自動車で高齢者等の送迎も実施し，利用者増を図っている．また，店舗に隣接した喫茶スペースは，地域住民同士，来訪者との交流機会を提供している．

　高知県土佐町石原地区では，2012年に農業協同組合（JA）のガソリンスタンドが廃止され，商店も存続危機にあり生活不安が増したことから，「集落活動センターいしはらの里協議会」が設立された．その後，2013年には住民出資により「合同会社いしはらの里」が設立され，ガソリンスタンド・商店を継続して運営できるような体制づくりが行われている．

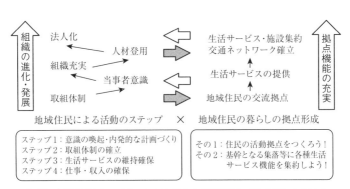

資料）内閣官房まち・ひと・しごと創生本部事務局他「住み慣れた地域で暮らし続けるために～地域生活を支える「小さな拠点」づくりの手引き～」(2016年3月)より，みずほ総合研究所作成

図2 「小さな拠点」づくりに向けた取組ステップ

「小さな拠点」づくりは，意識の喚起，地域の現状把握から

「小さな拠点」は，一朝一夕で形成できるものではない．まず，地域住民が自らの地域の現状・将来をしっかりと認識して，当事者意識を持つ必要がある．地域に気づきを与えるためには，外部の声などを活かすことも一つの手段である．地域の住民が気づき，自らの地域の将来像を描き，そのために必要な機能や拠点を考えたら，次には，そのための組織や人材，拠点をどうしていくのかを考えていく(図2)．人材であれば，女性や若者の活用や効果的な外部人材の活用により，組織を充実させていく．その上で，地域住民の組織により，必要な生活サービスの提供などを実施していき，さまざまな機能への展開，集約などによる持続的な活動の実施を目指す．その際，いきなり大きなことに取りかかるのではなく，まずはできそうなことを実行して，小さな成功体験を積み上げていくことが重要である．

中山間地域等の条件不利地域は，このまま何もしなければ，集落消滅の危機を避けることはできない．小学校区などの一定の区域の中で，自らの地域の将来の姿を考えて，集落圏全体で「小さな拠点」などの取り組みを進めていくことが，ボトムアップによる地方創生にもつながっていく．「小さな拠点」の形成が全国に広がっていくことを期待したい．

⑥

日本版 DMO

〈POINT〉

- 観光立国の実現に向けて観光地域づくりをしていくためには，多様な関係主体との調整を行いながら観光地経営を行う司令塔が必要であり，日本版 DMO は，それを担うことが期待されている．
- これまでの観光地経営に足りなかったのは，マーケティングやブランディングなどの機能である．日本版 DMO には，データ分析も含め，こうした専門的な機能・役割も期待されている．
- 稼げる地域づくりに向け，消費者の目線からの地域の分析，戦略策定などを行うこと，データに基づき PDCA サイクルを回していくことが必要である．

観光先進国の実現に向けて

　日本は 2020 年に訪日外国人旅行者数を 4,000 万人，その消費額を 8 兆円とし，日本人国内旅行消費額を 21 兆円とする目標の達成等による観光先進国の実現を目指し取り組んでいる．実際，2017 年の訪日外国人旅行者数については 2,800 万人を突破し，目標の達成が近づきつつある．

　こうした中で，旅行のスタイルや目的も変わってきている．従来の物見遊山型から，地域の生活・文化に触れ楽しみたいという形態が増え，発地型から着地型へといった旅行スタイルのシフトが求められている．着地型旅行への流れの中で，地域資源をベースとした新たな観光商品づくりや，地域の情報発信などを行う観光地域づくりの必要性が生じてきた．さらに，今までは観光と関係の薄かった第 1 次産業や商工業も，観光への関心を強めてきており，観光の裾野を拡大していく必要も出てきている．

図1 日本版 DMO の果たすべき役割

なぜ，日本版 DMO なのか

　日本の人口が減少している中，堅調に推移しているインバウンド(訪日外国人旅行者)などの観光は，今後の日本経済を支えていく重要なエンジンとして期待されている(7-①参照)．今後の国外への旅行者の増加が見込まれる東・東南アジア諸国との物理的な距離の近さ，四季が明確に存在することなど，日本の観光立国としてのポテンシャルは高い．しかし，海外向けはもとより国内向けの観光を考えても，観光地域づくりにはさまざまな課題が存在している．

　「日本版 DMO (Destination Management/Marketing Organization)」には，多様な関係者の巻き込み，データの収集や分析に基づくマーケティングやブランディング，戦略・計画の策定と計画の進捗管理といった，これまでの観光地域づくりで課題とされたことに取り組む地域観光戦略の司令塔としての役割が期待される(図1)．これまでの観光戦略は，単独の市町村単位で行われ，旅行者が認識している圏域とのズレが散見される．そのため，日本版 DMO では，単独市町村単位の地域 DMO に加えて，複数の市町村にまたがる地域連携 DMO および複数の都道府県にまたがって活動する広域連携 DMO という枠組みがつくられていることも特徴である．

70件の登録法人

日本版DMOへの登録には，5つの要件が求められる．その要件とは以下のとおりである．

①多種多様な関係者の合意形成をすること

②各種データ等の継続的な収集・分析，明確なコンセプトに基づいた戦略の策定，KPI(Key Performance Indicator: 重要業績評価指標)の設定・PDCAサイクルの確立を実施すること

③観光関連事業と戦略の整合性に関する調整・仕組みづくり，プロモーションを行うこと

④データ収集・分析等の専門人材の確保・育成，意思決定の仕組構築および法人格の取得などを行うこと

⑤自律的・継続的に活動するための安定的な運営資金確保の見通しを立てること

2017年11月28日には第一弾として41法人が，2018年3月30日には第二弾として29法人が登録された．結果としてその時点の日本版DMOは70法人となっている．内訳は，広域連携DMOが7件，地域連携DMOが39件，地域DMOが24件である．

稼げる地域へ

政府の成長戦略「未来投資戦略2017」では，2020年までに世界水準のDMOを全国に100組織形成するという目標を掲げている．2018年3月30日時点で70件が登録されているものの，活動は緒についたばかりである．マーケットを睨んだ戦略の設計，データの収集・分析によるPDCAサイクルの着実な推進などは，これからである．ビッグデータの活用により，観光客の行動パターンなどは以前に比べ入手が容易になってきており，これをどう活用していくかが，各DMOの腕の見せどころになる．

3 模索される地方の自立性

地方分権・地方財政に関わるキーワード

① 地方分権改革
② 地方創生関係交付金
③ コンセッション
④ ふるさと納税
⑤ 大阪都構想
⑥ 町村総会

① 地方分権改革

〈POINT〉

- 日本の公的部門は，中央政府(国)，都道府県，市区町村の3層から成る．国から地方(都道府県，市区町村)への権限の移譲を図る地方分権改革が進められている．
- 1999年の地方分権一括法(第1次分権改革)の後，第二次分権改革では，2011年以降第1次から第7次までの一括法が制定され，自治体への事務や権限の移譲が続けられている．
- より抜本的な地方分権の構想として，道州制への移行案がある．全国を10程度のブロック(道と州)に分けるもので，国の機能の多くが道や州に移される．長期的課題として，今後の議論が注目される．

中央と地方をめぐる政府のあり方

　わが国の公的部門は，大きく3層構造となっている．国会や中央省庁から成る中央政府，都道府県，市区町村の3つであり，中央政府は「国」，都道府県と市区町村は「地方」として位置づけられる(都道府県や市区町村は地方政府であり，一般に自治体といった呼ばれ方もされる)．「地方分権改革」は，主に行政に関わる権限を国から地方へと移すもので，中央省庁から都道府県や市区町村へ，あるいは都道府県から市区町村への権限移譲が想定されている．

　地域で生活を営む市民にとって行政に関わるルールやサービスのあり方は，できるだけ市民に近いレベルで，また身近な小さい単位で決められ，実施されることが望ましく，その地の特性や実情にも適うという考え方がある．それが難しい広域性のある事案などについては，より大きなレベルの主体が対応することが要請されることになり，これを「補完性の原則」という．市区町村でできることは市区町村が，難しければ都道府県が，それも困難であれば国が対処

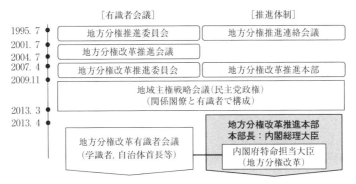

図1 地方分権に関わる有識者会議および推進体制

するという分担になる．

ところが，わが国では，明治維新以後の近代化の歩みの中で国民国家としての統一性を高めることが主眼となり，中央集権が国の形の基本となった．このため，中央政府の権限が強く，地方がそれに従うという構図が定着し，全国一律的な政策展開や行政サービスが当然視される時代が続いた．しかし，1990年代頃より，地方分権を求める声が広がりを見せるようになった．その背景には，インフラ等の整備が全国的に進展して国民の生活基盤が相応に充足され，また自治体の行政機能が充実してきたことがあろうし，一方で少子高齢化の進行や経済の停滞といった変化の中で，地方がより主体的に地域の課題に取り組むことが有効と考えられるようになったことがあろう．いずれにしても，平成の約30年間は，地方分権のための制度の見直しが断続的に実施されてきた．

1990年代以降の地方分権改革の流れ

まず，1995年に国から地方への行政事務の権限移譲を審議する機関として地方分権推進委員会が設置され(図1)，その検討結果を受けて1999年に地方分権一括法が制定された(第一次分権改革)．これにより，国と地方の役割分担の明確化が図られた他，国から都道府県などへと一部の行政権限が移された．続いて2007年には，次なる改革に向けて地方分権改革推進委員会が設置され，その勧告を踏まえて第1次から第4次までの一括法が順次制定された(これ以降

が第二次分権改革）．この改革では，地方に対する規制緩和（義務づけ・枠づけの見直し），国から都道府県や都道府県から市区町村へのさらなる権限の移譲，国と地方の協議の場の法制化などが実施された．

権限の見直しのみならず，政策実施の裏づけとなる財政面での取り組みも行われた．代表的なものが，2000 年代前半の小泉内閣により進められた「三位一体改革」である．これは，国から地方へ支出される補助金の削減，国から地方への税源の移譲，地方交付税の見直しの 3 本柱から成る改革で，自治体の自立的な財源を強化して，国の地方財政への関与を弱めようとするものであった．

一方，2009 年に政権に就いた民主党は，「地域主権」の旗を掲げて分権の推進強化に着手したが，本格的な展開に至る前に政権を離れた．

なお，地方分権改革と時期を同じくして，市町村合併が進行した．人口減少・少子高齢化の進行で住民が減ったり，高齢者の割合が大きく高まる自治体も現れる状況下，行財政基盤確保のために近隣市町村との合併が模索されるようになり，国も合併特例法などによりこれを強力にバックアップした．結果として，1995 年に約 3,200 あった全国の市町村は現在，半分近くにまで減少している．

安倍政権が進める地方分権と地方創生

2012 年末に発足した第二次安倍政権の下でも，地方分権改革は継続されている．民主党を中心とする政権下で設置されていた地域主権戦略会議に代わり，この分野の司令塔となる地方分権改革推進本部が創設された（図1）．同本部は，内閣総理大臣が本部長を務め，全閣僚がメンバーとなっている．また，改革を進める施策を調査・審議するために，地方分権改革有識者会議が設けられており，学識者や自治体の首長が参加している．

そして，2015 年以降は第 5 次から第 7 次の一括法が成立しているが，近年の分権改革の特徴の一つが「提案募集方式」である．これは，全国の自治体から権限移譲や規制緩和の提案を募るもので，地方の発意に根差した取り組みを積極的に推進しようというものだ．提案は，地方分権改革有識者会議やその専門部会で審議された後，対応方針を地方分権改革推進本部で決定する．第 5 次一括法からは，この提案募集方式による制度改正が行われている．

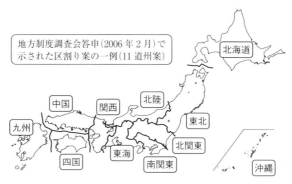

図2 道州制の区割りの例

第二次安倍政権では地方創生が重点政策として進められているが，ここでも各自治体が人口ビジョンと総合戦略を策定し地域活性化を進めるという形で，地方の自主性，自発性がより重視されたものとなっている．

長期的課題としての道州制

今後も地方分権は順次進められていく見通しであるが，より抜本的な改革として構想されているのが「道州制」である．これは全国を10程度のブロック（道や州）に分け，道や州に大きな権限を持たせるものだ（図2はその区割り例）．中央政府の機能の多くが道州に移されるとともに，都道府県が実質的に廃され，その担っていた機能は道州と市区町村に分けられる．併せて，行政の効率化も図られることになる．これまで2000年代にも道州制に関わる検討が行われていたが，その後議論はやや小康状態となっている．しかし，今後さらなる大胆な分権に舵を切ろうとするのであれば，道州制が有力な選択肢となろう．すでに北海道については，一つのモデルとして道州制特区が導入されている（ただし，基本的には現行の都道府県の枠内での試み）．

道州制には，東京一極集中の是正により多様性のある国土が構築できるといった効果が期待される一方で，道州政府における人材面や能力面への不安や，道州内での一極集中など懸念材料も指摘される．長期的な課題として位置づけた上で，十分な議論の積み重ねが必要なテーマとなろう．

② 地方創生関係交付金

〈POINT〉

- 安倍政権が推進する地方創生では，地方による自主的・主体的な取り組みが求められており，国はさまざまな方法でそれを支援している．財政面での支援のうち代表的なのが，「地方創生関係交付金」である．
- 地方創生関係交付金は，地方版総合戦略の策定・推進を支援するいくつかの補助金の総称で，例えば非公共事業を主な対象とする「地方創生推進交付金」は2016年度以降1,000億円が予算計上されている．
- 「まち・ひと・しごと創生事業費」なども含めると，毎年3兆円近い国費が地方創生に投じられている．各自治体には，効果検証を踏まえた施策の改善というPDCAを強化することが求められる．

多様な財源でまかなわれる地方財政

　地方創生を巡っては，さまざまな形で，地方の取り組みに対する国からの財政支援が行われている．ここでは，その柱の一つとなっている地方創生関係交付金を中心に内容を解説する．

　その前に，地方財政の全体像を把握しておきたい．毎年2月に政府は，約1,800の地方自治体を総体として捉えて翌年度の歳出・歳入を見積もる「地方財政計画」を閣議決定する．2018年度の同計画をみると地方公務員給与や公共事業費，さまざまな行政サービスの経費等で歳出総額は86.9兆円となっている（図1）.

　一方，これをまかなう歳入として最も基幹的な財源は「地方税」で，住民税や固定資産税，自動車税などが含まれる．地方交付税と地方譲与税は，地方の経済力や財源調達能力の格差を調整するもので，所得税や法人税，消費税，石油関係税など国税の一部が，客観的な基準に基づいて国から自治体へ配分され

54　　3 模索される地方の自立性

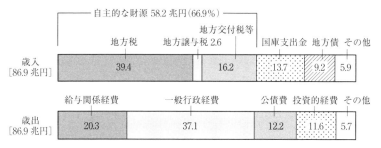

図1 地方の歳入・歳出の概要(2018年度地方財政計画ベース)

る．地方税，地方交付税，そして地方譲与税は，自治体が自主的に使用できる財源で，歳入全体の3分の2程度を占めている．これに対し，使途を特定した形で国から支出されるのが，広義の補助金を意味する国庫支出金である(予算科目上は，補助金，交付金，負担金，補給金，委託費に分類される)．そして，以上の財源を合わせても歳出のすべてをまかなうことができない自治体は，国と協議した上で地方債を発行して資金調達することが認められている．

国の代表的な財政支援策である「地方創生関係交付金」

このような地方財政の構造を踏まえた上で，地方創生に関わる国の支援に目を転じてみよう．代表的な財政支援の一つに位置づけられる地方創生関係交付金は，地方版総合戦略の策定や推進を支援するために設けられたいくつかの補助金の総称であり，いずれも国の認定を受けた事業に対して支出される(図2)．

最初に創設されたのが「地方創生先行型交付金」だ．これは，2015年度中の策定が求められた地方版総合戦略について，各自治体での策定作業を支援するために措置されたもので，2014年度補正予算に1,700億円が計上された．続いて2015年度補正予算では，地域の雇用促進などに資する先駆的な事業を支援する「地方創生加速化交付金」が1,000億円計上された．

そして2016年度には，地方版総合戦略の本格的な推進に向けて，二つの地方創生関係交付金が創設された．一つは，非公共事業を主な対象とする「地方創生推進交付金」で，2016年度以降，国の当初予算において1,000億円がコン

2016［当初］ 地方創生推進 交付金 〈1,000 億円〉	2017［当初］ 地方創生推進 交付金 〈1,000 億円〉	2018［当初］ 地方創生推進 交付金 〈1,000 億円〉

2014［補正］ 地方創生先行型 交付金 〈1,700 億円〉	2015［補正］ 地方創生加速化 交付金 〈1,000 億円〉	2016［補正］ 地方創生拠点 整備交付金 〈900 億円〉	2017［補正］ 地方創生拠点 整備交付金 〈600 億円〉

地方版総合戦略の策定段階　　　　　　　　　　　地方版総合戦略の事業推進段階

2015 年度　　　　　2016 年度　　　　　2017 年度　　　　　2018 年度

資料）内閣府地方創生推進事務局資料より，みずほ総合研究所作成

図 2　地方創生関係交付金の概要

スタントに措置されている．もう一つは，施設整備等の公共事業を対象とする
「地方創生拠点整備交付金」であり，2016 年度補正予算で 900 億円が，翌 2017
年度補正予算で 600 億円がそれぞれ計上された．これら二つの交付金は，政策
効果の検証を自治体に義務づけている点が大きな特徴である．具体的には，事
業の実施状況に関する客観的な指標（KPI）を設定した上で，その達成度合いを
検証し，必要に応じて事業運営の見直しや改善を図ることが自治体に求められ
る．また，地方創生推進交付金に関しては，使い勝手をより良くするよう求め
る地方の声を踏まえ，国は交付上限額の引き上げや対象事業要件の弾力化など
の対応を講じている．

　これらの交付金に加えて，2018 年度には，地方大学・自治体・地元産業界
が連携して行う地域産業振興や専門人材育成などの取り組みを支援する「地方
大学・地域産業創生交付金」が誕生した．これは，2017 年末に改訂された
「まち・ひと・しごと創生総合戦略」で，魅力ある地方大学づくりに一層力を
入れる方針が示されたことを受けて，新たに設けられたものである．

毎年 1 兆円が投じられる「まち・ひと・しごと創生事業費」

　地方創生に関わる財政支援のもう一つの柱といえるのが，「まち・ひと・し
ごと創生事業費」だ．地方創生の取り組みに要する経費として，2015 年度以
降の地方財政計画で毎年 1 兆円が歳出側に計上されている．地方創生関係交付

表1　国の地方創生関連予算の概要(2018年度当初予算)

① 地方創生推進交付金　1,000億円
- 地方版総合戦略に基づいて，自治体が自主的・主体的に行う先導的な取り組みを支援
- 対象事業(まちづくり，働き方改革，産業創生等)に関わる地域再生計画を国が認定
- KPIの設定とPDCAサイクルの整備を前提に，複数年度にわたり継続的・安定的に支援

② まち・ひと・しごと創生事業費　1兆円
- 自治体の地方創生への取り組みを支援するために，2015年度以降，地方財政計画の歳出に計上(対応する財源は地方交付税)
- 少なくとも総合戦略の期間である2019年度までは継続し，1兆円程度の額を維持

③ 総合戦略等を踏まえた個別施策　6,777億円

④ 社会保障の充実　1兆67億円

⑤ 地方大学・地域産業創生事業〈新設〉　100億円
- 産学官連携による地域の産業振興・専門人材育成に関わる事業を，新たな交付金で支援

資料）内閣府地方創生推進事務局資料より，みずほ総合研究所作成

金が，国の認定を受けた事業に使途を限定した補助金であるのに対し，まち・ひと・しごと創生事業費は，地方交付税を財源としており，その具体的な使い道は自治体の判断に委ねられている．また，同事業費の配分に際しては，人口比例的な考え方を基本としつつ，近年では，地方創生への取り組みの成果が大きく現れている自治体に手厚く配る方向が強まりつつある．

政策効果の検証を通じて地方創生の実現へ

地方創生に関連した予算を広く捉えると，ここまで述べてきた地方創生関係交付金とまち・ひと・しごと創生事業費の他に，「まち・ひと・しごと創生総合戦略等を踏まえた個別施策」や，子育て支援をはじめとする「社会保障の充実」なども含まれ，これらを合わせれば当初予算だけでも3兆円近い国費が毎年投じられている(表1)．加えて，税制面でも企業の本社機能の地方移転を促す「地方拠点強化税制」など地方創生を後押しする手当てが講じられており，国の支援策は実に幅広いものとなっている．

2015年度から2019年度までの5年間で重点的に推進される地方創生は，すでに折り返し地点を過ぎている．今後は各自治体が，これまで実行してきた事業や施策の成果を検証した上で改善を図る「PDCAサイクル」を通じ，地方版総合戦略で定めた目標の達成に向けて着実に歩を進めることが求められる．

② 地方創生関係交付金　57

③

コンセッション

〈POINT〉

- コンセッション方式とは，国や地方自治体が公共施設を所有したまま民間事業者に運営権を付与して経営を委ねるものであり，地域経済の活性化にもつながりうるスキームとして高い期待が寄せられている．
- いち早くコンセッションの導入が進んでいるのが空港で，関西国際空港や仙台空港をはじめ，全国的な広がりをみせている．道路や下水道などでも具体的な案件が現れ始めている．
- コンセッションについて政府が掲げている目標を達成するためには，官民の連携した取り組みによって，新たな案件をより多く発掘していく必要がある．

インフラの運営権を民間に付与するコンセッション方式

　安倍政権は発足以来，成長戦略の柱の一つとして，公共インフラにおける民間活力の導入，すなわち PPP/PFI の推進に積極的に取り組んできた．特に政府が力を入れているのが「コンセッション」方式であり，空港を中心に導入に向けた動きが活発化している．

　PPP(Public Private Partnership)とは，行政と民間が連携して公共サービスを提供するさまざまな仕組みを総称した広い概念である．そして，この PPP に含まれるのが PFI(Private Finance Initiative)で，公共施設の建設や維持管理・運営に民間の資金や経営ノウハウを活用する手法を指す．日本では 1999 年の PFI 法(民間資金等の活用による公共施設等の整備等の促進に関する法律)制定により導入され，2017 年 3 月末までに 609 件，契約金額にして 5.4 兆円の PFI 事業が行われてきた．

　PPP/PFI の効果として，一般的には国や地方自治体における財政支出の抑

58　　3 模索される地方の自立性

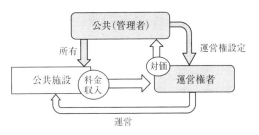

資料) 内閣府民間資金等活用事業推進室「PFI の現状について」(2017 年 6 月)より, みずほ総合研究所作成

図 1　コンセッション事業のイメージ

制や行政の効率化, 民間企業にとってのビジネスチャンス拡大, そして地域経済の活性化等が挙げられる. こうした効果が特に高いとされるコンセッション方式は, PFI の一つの類型であり, 国や自治体が施設を所有したまま民間事業者に運営権を付与して経営を委ねるものである(図 1). いったん民間資金で整備した公共施設の対価を行政が延べ払いする従来型の PFI 事業に比べると, 民間企業にとっては独立採算が求められる半面, 創意工夫を発揮する余地が大きいという特徴を有しており, 一種の「民営化」とみなされている.

空港での導入に広がり

いち早くコンセッション方式が導入されたのが空港だ. 関西国際空港(関空)と大阪国際空港(伊丹)を管理・運営する新関西国際空港株式会社(国が 100% 出資)は, 滑走路やターミナルビル・商業施設の運営権を, 大手リース会社とフランスの航空運営会社等が設立した関西エアポート株式会社に与えた. 2016 年 4 月に運営が移管され, その後は航空機の発着回数や旅客数が大幅に増え, 同社の収益も拡大するなど順調な経営が続いている.

また, 国が直接管理する仙台空港では, 東日本大震災からの復興加速, 東北経済の活性化という狙いからコンセッションが採用され, 2016 年 7 月に大手民営鉄道会社等 7 社が設立した仙台国際空港株式会社に運営権が移った. 同社は, LCC(格安航空会社)を中心とした路線拡充, 商業店舗や駐車場といった施設機能の増強を進めることなどによって, 2015 年度に 300 万人強であった年間利用者を, 2020 年度に 410 万人へ, 2044 年度には 550 万人まで増やすとい

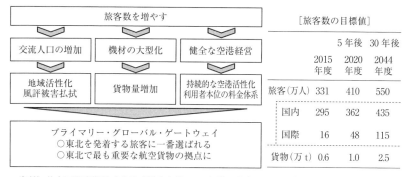

資料）仙台国際空港株式会社「仙台空港の30年後の将来イメージ〈マスタープラン〉」(2016年7月)より，みずほ総合研究所作成

図2　仙台空港の将来イメージ

う目標を掲げている（図2）．民営化初年度の2016年度には国内線旅客が若干減少したが，国際線旅客が前年比で7万人近く増えるなど，滑り出しは好調のようである．

その他にも，福岡空港や熊本空港，広島空港などについて民営化を目指した手続きが進められている他，北海道では道内7空港の運営が2020年度に一括委託される予定となっているなど，空港におけるコンセッションは全国的な広がりをみせている．

道路や上下水道なども対象に

空港以外では，安定的な収益を期待できる有料道路や上下水道がコンセッション方式に比較的なじむインフラとされ，具体的な案件も現れている．愛知県では，県の道路公社によって管理されてきた有料道路8路線が2016年10月に民営化された．準大手ゼネコンや大手デベロッパーなど5社が出資する運営会社は，「地域と社会に貢献する道路」を事業方針の一つに掲げ，沿線の自治体や企業・団体等と連携して，地域特産品や観光スポットのPRイベントを積極的に開催するなどしている．こうした取り組みによる集客効果に，通行料金引き下げによる影響も加わって，民営化後の道路通行量は増加傾向にある．

一方，上下水道分野では，浜松市が一部の下水処理場の運営を2018年4月から民間企業に委託したのに続き，複数の自治体がデューディリジェンス

```
┌─────────────────────────────────────────────────────────────────────┐
│ ┌ ─ ─ ─ ─ ─ ─ ─ ─ ─ ─ ─ ─ ─ ─ ─ ┐   ┌ ─ ─ ─ ─ ─ ─ ─ ─ ─ ─ ─ ─ ─ ─ ─ ─ ─ ┐ │
│   事業規模目標(2013～22年度)  21兆円     コンセッション等の重点分野         │
│ │ (うちコンセッションは7兆円)    │   │    空港    ：6件(⇒達成)        │ │
│                                        道路    ：1件(⇒達成)
│ └ ─ ─ ─ ─ ─ ─ ─ ─ ─ ─ ─ ─ ─ ─ ─ ┘ │    上水道   ：6件              │ │
│ ┌ ─ ─ ─ ─ ─ ─ ─ ─ ─ ─ ─ ─ ─ ─ ─ ┐     下水道   ：6件
│   関連施策                       │ │  文教施設  ：3件              │ │
│ │   国及び人口20万人以上の地方公共団体は      公営住宅  ：6件
│     PPP/PFI手法の導入を優先的に検討 │ │  MICE施設  ：6件              │ │
│ │   関係者間の連携強化や案件形成等を行う      クルーズ船向け旅客ターミナル施設：3件
│ │   「地域プラットフォーム」を各地で組成 │ └ ─ ─ ─ ─ ─ ─ ─ ─ ─ ─ ─ ─ ─ ─ ─ ┘ │
│ └ ─ ─ ─ ─ ─ ─ ─ ─ ─ ─ ─ ─ ─ ─ ─ ┘                                    │
└─────────────────────────────────────────────────────────────────────┘
```

資料)「PPP/PFI推進アクションプラン(平成29年改定版)」(2017年6月9日民間資金等活用
　　事業推進会議決定)より, みずほ総合研究所作成

図3　PPP/PFIおよびコンセッションに関する政府の方針

(Due diligence: 導入可能性調査)に着手するなど, 今後の案件増加が見込まれている.

　この他にも例えば, 横浜市のMICE施設(展示会や国際会議等を行う巨大施設),福岡市のクルーズ船旅客ターミナルとMICEの複合施設, 鳥取県の県営発電所, 滋賀県大津市の都市ガスなどでコンセッションの導入に向けた検討が進められている. また, 2020年東京五輪のメイン会場となる新国立競技場についても, 大会後にサッカー, ラグビー等の球技専用スタジアムに改修し, その施設運営を民間に委ねる方向性が明らかになっている.

地域活性化への寄与も期待

　このように多くのインフラ分野でコンセッション方式の導入が進みつつあり,特に空港や道路では地域経済にも良い効果が少しずつ現れ始めている. 政府はコンセッションの重点分野について件数目標を掲げているが, その達成に向けては, さらに積極的に新たな案件を発掘していく必要がある(図3).

　今後, 自治体による前向きな取り組みや官民の緊密な連携を通じて, わが国の公的インフラの運営においてコンセッションがさらなる広がりをみせ, ひいては地域の活性化につながることが期待される.

③ コンセッション

④

ふるさと納税

〈POINT〉

- 「ふるさと納税」とは，自ら選んだ自治体への寄附のうち 2,000 円を超える部分が，所得税と住民税から全額控除される仕組みであり，制度が拡充された 2015 年度から利用が急増した．
- ふるさと納税が拡大する中，返礼品競争の過熱や，大都市圏の一部自治体における税の流出といった問題も生じ，政府は運用の見直しに乗り出している．
- 最近では，ふるさと納税を通じて，地域貢献的な事業を始める起業家を支援する仕組みも動き出した．今後「モノ（＝返礼品）の競争」から「コト（＝施策・事業）の競争」へと実態が変わることが期待される．

近年になって利用が急増

　制度開始から丸 10 年がたち，今や多くの国民に知られる「ふるさと納税」が曲がり角に差しかかっている．少ない自己負担で地方の特産品などを返礼品として受け取れる仕組みが注目を集めてきたものの，過熱する「返礼品競争」に対応する形で，最近になって国が運用の見直しに乗り出しているのである．

　ふるさと納税とは，自ら選んだ地方自治体への寄附のうち 2,000 円を超える部分が，所得税と住民税から原則として全額控除される制度である（図1）．個人は寄附という行為を通じて自治体を応援し，自治体はその「志」に応えるべく施策や事業の向上に取り組む．こうした狙いで，ふるさと納税は 2008 年度に導入された．また，2016 年度からは，自治体の地域活性化事業に寄附した企業の税負担を軽減する企業版ふるさと納税も始まっている．しばらくの間，個人を対象とするふるさと納税の利用は年間 100 億円前後と伸び悩む状況が続いたが，近年急増し，2016 年度には受入額が 2,844 億円となった（図2）．

62　　3 模索される地方の自立性

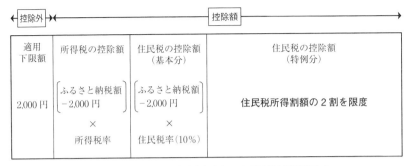

資料）総務省「ふるさと納税ポータルサイト」より，みずほ総合研究所作成
図1　ふるさと納税における控除の仕組み

ふるさと納税が増えた最大の理由は，制度の拡充である．2015年度から，寄附金の上限が約2倍に拡大された他，納税先が5団体以下であれば控除のための確定申告を要さない「ワンストップ特例制度」が始まった．これに伴い，多くの自治体がふるさと納税に力を入れ始め，寄附者へのお礼（返礼品）として送られる特産品を多数取り揃えるようになった．また，全国の返礼品を紹介し，ふるさと納税の手続きもサポートしてくれるポータルサイトが複数立ち上がり，積極的にテレビCMを流したことも認知度向上につながったといえる．

返礼品競争の激化や大都市での住民税流出という問題も

ただ，ふるさと納税が急増する中で，いくつかの問題点もあらわになった．一つは，冒頭にも触れた自治体間の返礼品競争の過熱だ．高い還元率（寄附額に対する返礼品の金額の割合）で寄附を集めようとしたり，高価な宝飾品や家電品，あるいは換金性の高い商品券などを返礼品として取り扱ったりする動きが広がったのである．魅力ある返礼品の提供は，地元の特産品や工業製品のPRにつながる半面，マイナスの影響ももたらす．自治体は返礼品を調達する際，地元企業などに対価を支払うので，還元率を高くするほど経費負担がかさんで自治体への実入りは少なくなる．総務省によると，全国平均でふるさと納税の受入額のうち4割弱は返礼品の調達費用に使われている．返礼品の送料や広報，関連事務に関わる費用なども加味すると，実質的な寄附収入はさらに少なくなる．

もう一つの問題は，大都市圏の一部自治体で深刻化する住民税の流出である．

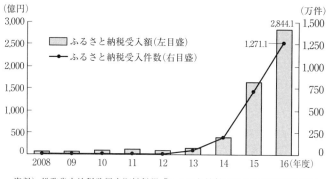

資料）総務省自治税務局市町村税課「ふるさと納税に関する現況調査結果」（2017年7月4日）より，みずほ総合研究所作成

図2　ふるさと納税の受入額および受入件数

　ふるさと納税の受入額は総じて地方が多く，裏を返せばその分だけ，大都市から地方へと税収が流出している．ふるさと納税による税収減の75%は地方交付税で穴埋めされるが，財政力が高いため交付税を受け取っていない一部の自治体では，流出した額がそのまま純粋な減収となってしまう．例えば東京23区では，ふるさと納税による住民税の減収額が，2016年度には129億円と前年度の5.4倍に膨らみ，2017年度はさらに倍近い231億円となっている．そのため，23区の区長会は「このままでは公共サービスの持続に支障をきたすことが懸念される」として，国に制度の改善を求めてきた．

　こうした中，総務省は2017年4月に通知を出し，①還元率を3割以下にすること，②換金性の高いもの（商品券，プリペイドカード，電子マネー等）や資産性の高いもの（電気・電子機器，家具，貴金属，宝飾品，時計，自転車等），高額のものは返礼品としないこと，③地元住民には返礼品を送付しないことを自治体に要請した．これを受けて大半の自治体で返礼品の適正化が図られたが，今度は返礼品の魅力が薄れたために，寄附額が急減する自治体が多く現れた．

「モノの競争」から「コトの競争」へ

　そこで政府は，ふるさと納税の本旨に立ち返って，より地域の活性化に貢献する仕組みとするための新たな工夫を講じることとした．インターネットを通

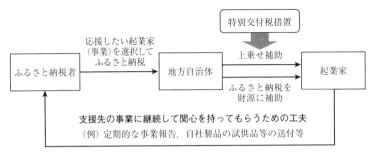

資料）総務省「ふるさと納税のさらなる活用について」(2017年10月27日)より，みずほ総合研究所作成

図3　ふるさと起業家支援プロジェクトの仕組み

じて不特定多数の人から資金を集めるクラウドファンディングの仕組みを応用した「ふるさと起業家支援プロジェクト」と「ふるさと移住交流促進プロジェクト」の立ち上げである．

　ふるさと起業家支援プロジェクトとは，地域課題の解決に資する事業を始める起業家に対し，ふるさと納税による支援を全国から募るとともに，集まった寄附額と同額までの補助を自治体が上乗せできる仕組みである(図3)．この上乗せ補助分については，国が特別交付税措置を設けて一部を補塡することとなっている．寄附者には，事業に関心を持ち続けてもらうために，起業家から事業報告や試供品などが提供される．

　一方のふるさと移住交流促進プロジェクトとは，移住促進のために自治体が推し進めるさまざまな環境整備策について，ふるさと納税を通じた応援を募るとともに，寄附者をはじめとする移住希望者に対して将来行われる具体的な支援策に関しては，国が自治体へ特別交付税を配る形で支援するものである．

　自治体や地元住民・企業が知恵を絞って地域の活性化につながるような施策や事業を練り上げ，全国から支援を募る．そのための仕組みとして活用されるのが，ふるさと納税の本来あるべき姿であろう．2018年度から始まる新しい二つのプロジェクトを通じて，「モノ(＝返礼品)の競争」から「コト(＝施策・事業)の競争」へと実態が変わっていくことが期待される．

⑤

大阪都構想

〈POINT〉

- 大阪都構想は大阪市を廃止して，同市の今の区を集約し，公選制の首長と議会を持つ基礎的自治体を設けるものである．これにより，大阪府と大阪市の「二重行政」「二元体制」が打破できるとされる．
- 最新の区割り案では今の24区が4区ないし6区に再編される．それぞれの区の間で自主財源の格差はあまりなく，将来の人口も2倍以内の格差にとどまるとされる．
- 地域ごとの短期的な損得勘定を超えて，中長期的な都心の発展が大阪府全域に便益をもたらすことへの理解が深まるかどうかが，今後の大阪都構想実現へのポイントとなろう．

大きな議論を巻き起こした大阪都構想

　「大阪都構想」とは，大阪市を廃止して大阪府と大阪市が現在持つ権限などを整理し，新たな広域自治体(大阪府)と，東京都区部のように首長や議会の議員などを公選制で選ぶ新しい基礎自治体(区)を設けるという制度改革である．この大阪都構想は，2010年代前半に橋下大阪市長(当時)が掲げていたもので，橋下氏個人への評価も含まれながら，賛否両論が入り混じった大論争に発展した．2015年の住民投票ではわずかの差で大阪都構想は否決され，その結果，橋下氏は政界から引退した．その後の大阪市長選挙，大阪府知事選挙では改めて大阪都構想を公約に掲げた者が当選し，2018〜19年に再度の住民投票の可能性が浮上している．

　大阪都構想が叫ばれた背景には大阪府と大阪市の関係が「府市あわせ」(不幸せ)と揶揄されるほどの二重行政の問題がある．さまざまなインフラや行政サービスが大阪府と大阪市で重複して設けられそれが無駄を生んでいるとされる．

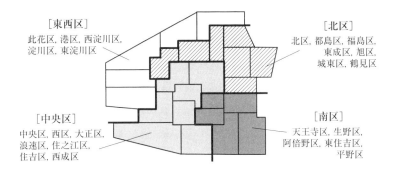

注）東西区の名称は「淀川区」などを推す意見があり，今後変更される可能性がある．
資料）大阪府「大都市制度（特別区設置）協議会」資料（2018年2月22日，4月6日）より，みずほ総合研究所作成

図1　大阪都構想の区割り案（2018年）

とりわけ問題視されてきたのは，経済的かつ社会的に大阪市の存在が大阪府にとってあまりに大きいため，大阪府が大阪市に容易に介入できず，大阪府が大阪市以外の府内市町村にのみ大きな権限を持つという「二元体制」というべき状況になっていることである．大阪府は中山間地が少なく，ほぼ全域が都市部となっている中，大阪府も大阪市も同一の大阪圏という巨大経済圏に属している．例えば，大阪市へ市外から通勤する者は大阪府全域に広がっており，交通政策や産業振興などは大阪府も大阪市も一致協力して進めるべきであるが，今の関係では難しいとされる．東京圏や名古屋圏に比べて大阪圏の経済は長らく低迷しているが，大阪圏として統一的な産業振興策を展開できないのは大阪府と大阪市の二元体制が影響しているという意見もある．

現在の区割り案は大阪市24区を4区に再編

焦点となっている区割り案は，2015年の住民投票時には5区案であったが，次の住民投票に向けた案では4区が有力となっている（図1）．これらの区割り案では区ごとの財政力や人口に大きな差が生まれないように工夫されており，区民1人当たりの自主財源の格差は最大で1.14倍と小さい．2035年の人口推計で見た人口格差も2倍以内に収まるとされる．大阪市を廃止しない案を提示している政党もあるが，その案にも区の再編（8区にする「統合区」案）が盛り込

まれている．そもそも，東京都区部は23区であるのに，それよりかなり人口が少ない大阪市が24区であるので，財源や権限などを持ち，住民ニーズを汲み取る自治体の規模としては大阪市は大きすぎ，今の区は小さすぎるという意見が多い．

大阪都構想から大阪圏の道州制へつながるか

　大阪都構想は大阪の経済力向上を掲げているが，将来的には大阪府内にとどまらず大阪圏全域での成長戦略に向けた取り組みが必要になる．それは，大阪都構想を公約に掲げる大阪維新の会が2府4県などによる「関西州」を視野に入れた道州制の導入を国政選挙の公約に掲げていることからも明らかである．

　三大都市圏の中で大阪圏は，遠心力が働きがちな経済圏といえる．名古屋圏における名古屋市や東京圏における東京都23区のような経済圏の中心性が大阪圏ではやや曖昧で，京都府や兵庫県はさまざまな点で大阪府に猛烈な対抗意識をもっているため，経済政策で共通認識を持つのが難しい．その代表例が関西空港，神戸空港，伊丹空港をめぐる争いである．大阪圏全体としての便益よりも，それぞれの地域にとっての便益が前面に出がちであった．このような実情の下での大阪圏の停滞は人口動向にも現れており，大阪市，神戸市，京都市は将来似たような人口減少に見舞われる見通しである（表1）．特に京都市と神戸市は近年人口が伸び悩み，九州経済圏の中心である福岡市に2015年までに人口規模で逆転された．同一経済圏にある自治体は一体的に経済政策を進めるべきであり，大阪都構想が今後，大阪府全域にも利益をもたらすことが明らかになれば，大阪圏における道州制導入につながる可能性も見えてくる．

　2015年の住民投票を分析すると，人口増加率が高い都心にある区において，大阪都構想への賛成が目立つのがわかる（図2）．人口が増加し，今後の成長期待が高い地域と，そうでない地域で大阪都構想に向けた意見が対立しているのは明らかだ．今後の大阪都構想をめぐる住民投票の成否は，短期的な損得勘定を超えて，中長期的に経済圏の都心の発展が経済圏全域に大きな便益をもたらすという構図についての住民の理解が深まるかどうかがポイントとなりそうだ．

表1 政令指定都市の今後の人口動向

	指定年	人口(2015年)	将来推計人口増加率(2015〜45年)		指定年	人口(2015年)	将来推計人口増加率(2015〜45年)
		万人	%			万人	%
横浜市	1956	372	－7	北九州市	1963	96	－20
大阪市	1956	269	－10	千葉市	1992	97	－7
名古屋市	1956	230	－5	堺市	2006	84	－16
札幌市	1972	195	－8	新潟市	2007	81	－15
福岡市	1972	154	8	浜松市	2007	80	－12
神戸市	1956	154	－16	熊本市	2012	74	－7
川崎市	1972	148	5	相模原市	2010	72	－12
京都市	1956	148	－12	岡山市	2009	72	－5
さいたま市	2003	126	2	静岡市	2005	70	－19
広島市	1980	119	－6	(参考)東京区部		927	5
仙台市	1989	108	－15				

資料）国立社会保障・人口問題研究所「日本の地域別将来推計人口」(2018年3月推計)より，みずほ総合研究所作成

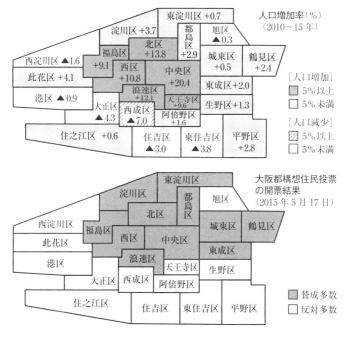

資料）総務省統計局「国勢調査結果」(2010年，2015年)，大阪市選挙管理委員会ホームページより，みずほ総合研究所作成

図2 大阪市の区別人口増加率と大阪都構想における住民投票の賛否

⑥ 町村総会

〈POINT〉

• 地方自治法で定められた制度である町村総会は，議会に代わり選挙権を持つ住民による総会として設置される．人口が極めて少ない自治体では，町村総会による直接民主制が選択できる．

• 町村総会はこれまで1例しかなかったが，2017年に入って人口減少に苦しむ高知県大川村が導入の動きを見せたので，にわかに注目されるようになった．

• 議員のなり手不足は多くの小規模自治体が抱える悩みであるため，町村総会が今後幅広く議論される可能性がある．総務省に設けられた有識者による検討会などを含め，議論を深めていく必要があろう．

高知県大川村が投げかけた波紋

「町村総会」は，地方自治法第94条と第95条で定められた制度である．地方自治法では，町村は議会に代えて選挙権を有する者による総会を設けることができると規定している．つまり，町村は町村総会という直接民主制を選択することができるのである．これまで現在の地方自治法の下では，この制度は東京都の旧宇津木村しか実現していない．その宇津木村では村が誕生した1951年から周辺自治体と合併して八丈町となる1955年まで「村民総会」が設置されていた．その後は，町村総会は設置されていない．

それが2017年になって大きな注目を浴びるようになったのは，高知県大川村が議会を解散し町村総会を設置する動きを見せたからだ．大川村は1960年代以降人口の減少傾向が続き（図1），386人（2015年の国勢調査）と離島以外では全国で一，二を争う小規模自治体であり，議員のなり手が不足していた．

70 3 模索される地方の自立性

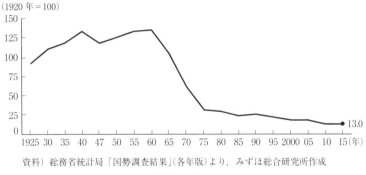

資料）総務省統計局「国勢調査結果」（各年版）より，みずほ総合研究所作成

図1　高知県大川村の人口

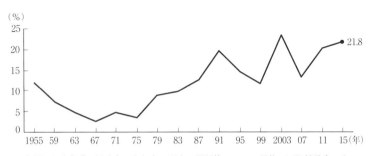

資料）総務省「町村議会のあり方に関する課題等について」（第1回町村議会のあり方に関する研究会資料）(2017年) より，みずほ総合研究所作成

図2　統一地方選挙（町村議会選挙）における無投票当選者の割合

関心薄れる町村議員選挙

　町村の多くで長期間にわたり高齢化と人口減少が進んでおり，議員のなり手不足が顕在化している．上記の総務省の研究会資料によると，議員に占める60歳以上の者の割合が7割に上る一方，50歳代が2割，40歳代以下は1割にとどまっている．議員は会社員との兼業が難しいことから，その多くが高齢化が目立つ自営業者か，そもそも仕事を持たない高齢者となるためだ．

　このように，議員の属性が硬直化すると，議会の新陳代謝は失われてしまう．無投票当選者が議員に占める割合は町村では2割に達しており（図2），5%以下である政令指定都市や市と比べて際立って高い．

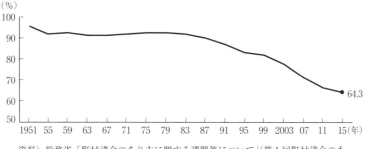

資料）総務省「町村議会のあり方に関する課題等について」(第 1 回町村議会のあり方に関する研究会資料)(2017 年) より，みずほ総合研究所作成

図 3　統一地方選挙(町村議会選挙)における投票率

　こうした状況が，選挙そのものへの関心を薄れさせてしまっている．町村は高齢化が進んでいるので，比較的投票率の高い高齢者が相当数を占めるにもかかわらず，投票率は長期下落傾向にある(図 3)．

　このような町村議会の苦境を打破する一つの手法として，住民による町村総会が大いに注目されるようになった．町村総会については，数百人の住民が集まるのは今なお現実的でなく，議員と会社員が兼業しやすい環境づくりを優先すべきという見方も根強い．例えば，会社員でも出席しやすいよう，議会を夜間や休日に集約させる案が浮上している．実際に，大川村の動きを受けて開催された総務省「町村議会のあり方に関する研究会」の報告書(2018 年 3 月 26 日)では，町村総会は難しいとする一方で，今より報酬を高くした少数の議員で構成される「専門集中型」議会に加えて，今より報酬を低くして副収入の水準に落とした多数の議員で構成され，夜間や休日に開催する「多数参画型」議会を推奨している．また，町村総会についても，住民を集めるのではなく，インターネットなどで代替する案も構想されている．

　今後，町村の多くで人口減少が加速化していくのは間違いなく，そのため議員定数も減少していく．例えば，前述の大川村の議員はわずか 6 人である．このような小規模自治体で，村長と議会の二元代表制がそもそも必要だろうか．大川村の動きをきっかけに，小規模自治体における民主主義のあり方について踏み込んだ議論が行われることが期待される．

4

連携と創発による
事業の活性化

地域産業の振興に関わるキーワード

- ① 産業集積・企業城下町
- ② 地域未来投資促進法
- ③ 地域クラスター
- ④ 地域中核企業活性化ファンド
- ⑤ ビジネス・インキュベータ
- ⑥ ローカルベンチマーク

① 産業集積・企業城下町

〈POINT〉

- 高度経済成長期を中心に，各地に製造業の事業所が立地し，工業都市が形成された．特定の大企業グループと，その下請け，孫請け企業などから成る「企業城下町」も地域の発展に大きな役割を果たした．
- 日本経済の成熟に伴い，産業集積にも変化が現れた．製造拠点から研究開発拠点や情報サービス拠点への移行が目指され，政府もこれを後押しする産業振興策を展開した．
- 1990年代以降は，グローバルな競争が激化し，製造業の事業所の海外移転なども進行した．こうした中で，イノベーションを重視した産業振興が重点化されるようになっている．

工業都市の発展と産業立地政策の展開

わが国では，高度経済成長期を中心に，臨海部などに製造業の工場がまとまって立地するようになり，多くの工業都市や重化学コンビナートが形成された．こうした地域では，大企業の事業所とともに，そこに部品などを供給する下請けや孫請けの企業が層を成し，「産業集積」が生じた．

産業集積は，その地元に雇用創出効果をもたらすことなどから，自治体は工場の誘致に積極的であったし，国も経済成長に資するものとして政策面で後押ししてきた．そうした産業立地政策の展開をまとめたものが**表1**である．

1960年代から70年代にかけては，「国土の均衡ある発展」という目標の下，地方への製造拠点誘致やそのための基盤の開発が主眼となっていた．続いて80年代の安定成長期に入ると，リサーチパーク等の整備が推進された．この頃まではハード面，「ハコモノ」への投資が優先されていたといえよう．

80年代後半の「バブル」が崩壊した後，わが国の経済成長率が低下するよ

表1 これまでの産業立地・地域イノベーション政策の展開

1962 年	新産業都市建設促進法
1972 年	工業再配置促進法
1983 年	高度技術工業集積地域開発促進法(テクノポリス法)
1988 年	頭脳立地法
1997 年	地域産業集積活性化法
1998 年	大学等技術移転促進法(TLO 法)
	新事業創出促進
1999 年	日本版バイ・ドール制度(産業活力再生特別措置法)
2001 年	産業クラスター計画
2002 年	知的クラスター創成事業
2006 年	中小ものづくり高度化法
2007 年	企業立地促進法
2011 年	地域イノベーション戦略推進地域支援
2013 年	センター・オブ・イノベーション(COI)プログラム
2016 年	地域イノベーション・エコシステム形成プログラム
2017 年	地域未来投資促進法

資料) 各種資料より, みずほ総合研究所作成

うになると, 地域産業の活性化策にも変化が現れ, 個々の企業の事業力アップや事業者間のつながりがクローズアップされるようになった. そこには, 大企業の工場などが海外に転出する動きが広がり, 残された地場の中小企業が生き残りに力を尽くさざるを得なくなった背景もある. この時期の施策は, 中小企業の技術力や経営力を高めたり, 連携をサポートするメニューが増えてくる.

イノベーションを重視した産業振興へのシフト

2000 年代に入ると, 地域政策はエリアを重視する傾向が強まった. 地域を限定して規制の特例を設けたり, 支援策を用意する「特区」制度が導入されたのもこの頃である. そして, 企業のみならず大学や研究機関など地域に所在する諸主体が参画する形で, 産業や技術の高度化を図る動きが広がった. 産業クラスター計画や知的クラスター創成事業などは, その典型である(4-③参照). 経済の停滞が長期化する中で, 地域の総力を挙げての対応が進められた.

そして, 2010 年代に入ると, イノベーションが強調される方向となった. 半導体や家電品をはじめ, 日本の製造業の競争力低下が懸念されるようになり,

① 産業集積・企業城下町　　75

国内の大学の世界ランキングが低下するなど，国際的にトップレベルとされてきたわが国の研究力や技術力にも翳りが差してきた．そこで，イノベーション，とりわけ多様な主体が参加するオープンイノベーションの創出にスポットが当てられるようになった．

各地に形成された企業城下町とその変容

わが国の戦後の経済発展において，製造業はその推進役であった．そうしたものづくりの拠点として大きな役割を果たしてきたのが，多数の事業所が集まる製造産業の集積都市である．中でも，大手の有力メーカーとそのグループ会社の事業所が集中し，さらにその下請け，孫請けとなる中堅・中小・零細企業が層を成す「企業城下町」は，わが国の産業発展を象徴する存在といえる．こうした都市では，有力メーカーと地場の事業者がタテのつながりを持つことで，頂点に立つ大企業の成功が取引のある地元の企業に恩恵をもたらし，地域経済の発展にも大きく寄与してきた．一方で，地場の事業者やそこで雇用される地域住民が大企業の事業活動を支えてきた面もあり，企業城下町では有力企業と地域との一蓮托生の関係が築かれてきたといえよう．

臨海部の大規模な工業地帯では，複数の大企業と多数の中小事業者が網目状の取引関係を形成してきたのに対し，地方の中堅都市などでは，大黒柱となる企業が地場の企業を丸抱えしてきたような例が散見される．全国にはこうした企業城下町とされる都市がいくつかあるが（**表2**），日立市，豊田市，門真市などは，とりわけ特定有力企業の城下町として有名である．

こうした企業城下町も，1980年代半ば以降の急激な円高やアジア諸国の経済発展などによって，大きな変容を迫られてきた．大手メーカーといえども内外市場で厳しい競争を迫られるようになり，海外に生産拠点を移転させるケースも増えた．また，大企業による国内取引先の選別も進み，企業城下町の地場の企業の中には，取引が絞り込まれ，事業の縮小を余儀なくされるところも現れた．特定企業への依存度が高いだけに，頂点に立つメーカーの業績や事業行動が，中小事業者や地域経済を直撃したのである．

このため，各地の企業城下町では，地域の産業と経済を守るための模索が続けられてきた．その主たる方向性は，個々の企業の競争力向上，取引関係の多

表2　わが国の代表的企業城下町

企業城下町 の都市名	所　在 道府県	代表的企業の名称	主たる産業分野
苫小牧市	北海道	王子製紙	紙・パルプ
釜 石 市	岩手県	新日鐵住金	鉄鋼
日 立 市	茨城県	日立製作所	電気機械
太 田 市	群馬県	SUBARU	自動車
諏 訪 市	長野県	セイコーグループ	精密機械
浜 松 市	静岡県	スズキ，ヤマハ	二輪車，楽器
豊 田 市	愛知県	トヨタ自動車	自動車
門 真 市	大阪府	パナソニック	電気機械
宇 部 市	山口県	宇部興産	化学
延 岡 市	宮崎県	旭化成	化成品

資料）経済産業省・厚生労働省・文部科学省「製造基盤白書
　　（ものづくり白書）」等より，みずほ総合研究所作成

角化，地域の事業者間のヨコの連携などである．産業集積都市としての地域資源の厚みは，生かし方次第で，依然として地域の大きな強みとなろう．

望まれる地域の個性を生かした産業振興

　地域の産業振興に関して，地方自治体は事業所の誘致に積極的である．人口減少，公共事業の縮減といった変化の中で，経済的自立には産業集積が有力な手立てとなるからである．進出企業への助成，工業団地の造成，技術支援機関の設置などが続けられてきており，政府もそのための支援措置を講じてきた．しかし，各地で似たような呼び込み策が取られたことで競合も生じ，取り組みが当初期待した効果を得られないケースも少なくなかった．

　企業誘致には自治体の助成が一定の効果を挙げてきたことは確かである．しかし，補助金の競い合いは自治体の財政負担ともなる一方，助成の有無は企業の立地選択要因の一つにすぎず，用地・人材などの地域資源の方が重視されるともいわれる．このため，各地固有の地の利を生かした集積が図られることが望ましい．それにより産業の適正配置も進み，わが国全体の活性化にも効果的であると考えられる．自治体の地域の個性を生かしたプランニング，そして事業者の創意と挑戦により，地域経済の自立的発展が進むことが期待される．

① 産業集積・企業城下町

② 地域未来投資促進法

〈POINT〉

- 有力な雇用創出策，地域活性化策として，各地で工場の誘致が推進されてきた．このため，道路，港湾，工業用地等のインフラの整備が図られ，立地コストが低い地方圏で工場立地が進んだ．
- 近年は，製造拠点の大都市圏への回帰がみられる．発展するアジア諸国などとの水平分業が進み，国内では付加価値の高い事業への集約が図られており，地方への工場誘致は以前より難しくなっている．
- こうした中，2017 年に従来の企業立地促進法を衣替えする形で「地域未来投資促進法」が制定された．同法では，地域経済を牽引する企業を重点的に支援することで，波及効果による地域浮揚が目指される．

地域別にみた工場立地の変遷

　2017 年に，近年における地域産業政策の基軸の一つとなっていた企業立地促進法が改正され，名称(通称)も「地域未来投資促進法」と改められた．本項では，企業立地を巡る環境変化と，それへの対応策としての多様な連携形成の動きを確認し，併せて地域未来投資促進法のポイントを解説する．

　4-①でもみたように，地方圏では地域活性化を目的に工場の誘致が進められてきた．事業所が立地すれば雇用が生まれ，地場企業にとって取引のチャンスとなり，自治体も税収を期待できるからである．地方への工場立地促進は，国の政策としても進められてきた．1962 年に策定された第一次全国総合開発計画では，企業の大都市圏への過度な集中が弊害を生じさせているとして，工場の地方への分散を促進する方針が示された．1959 年に制定された工場等制限法や 1972 年制定の工業再配置促進法などは，そうした方針と整合するものであった．

78 　4 連携と創発による事業の活性化

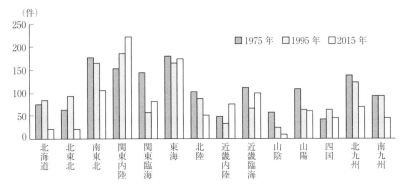

資料）経済産業省「工場立地動向調査」より，みずほ総合研究所作成

図1　地域ブロック別の工場立地件数

　これらの分散立地政策の効果もあって，1970～80年代には地方圏の工場立地件数の全国比は，大都市圏のそれを上回っていた(図1)．こうした地方圏での工場立地件数の増加は，工場の従業者に加えて工場周辺地域への経済効果もあって地方圏の雇用を下支えしたとみられる．そのような流れに大きな変化が現れてきたのは，90年代に入ってからである．

グローバルな競争環境変化が産業立地にも影響

　1990年代に入ると，経済成長率の趨勢的な低下と，内外の競争激化の中で立地選択における適地選別の動きが広がり，地方圏よりも産業基盤の整備が進んでいる大都市圏や，人件費などのコストが低いアジア諸国などに事業所を設置する企業が増加した．こうして，地方圏の工場立地件数は減少傾向となり，全国の工場立地件数に占める地方圏の割合も低下した(図1)．

　さらに，2000年代には日本の製造業の海外への事業所移転が加速し，工場が生み出す雇用や需要によって支えられてきた地域では，地元経済の閉塞的状況が強まった．

　また，事業所の誘致とともに地方経済の支え手となっていた公共投資も，90年代頃には多くの地域でインフラ整備が一段落したことや，財政状況の厳しさが増したことなどから，2000年代になると抑制的な方向となった．

多様な連携による事業振興

　このように従来型の工場の誘致や公共投資を頼みとする需要の確保に限界がみられるようになる中で，地域の産業振興では，さまざまな連携を通じてビジネスの高度化や事業の維持・拡大を図る方向性が強まった．

　連携といえばまず想起されるのは，企業同士の協力関係であろう．先端研究等で同業者が組むケースが見られたし，異業種間の交流により新商品や新サービスの事業化に挑むといったことも行われてきた．

　2005年に導入された「新連携」は，中小企業が主体となる異業種協力の枠組みで，異分野の事業者がそれぞれに保有する経営資源を有機的に組み合わせて新たな事業分野の開拓を図る活動について，中小企業庁が支援措置を整えたものである．政府の認定を受けた「連携体」(事業者のネットワーク)が商品開発の実験や試作を行う際には助成金や税制優遇といったサポートを受けられることから，各地で活用されてきた．特に工業都市や企業城下町では，地域経済を牽引してきた有力企業の製造所が稼働規模を縮小していく状況下で，下請けや孫請けとして事業を営んできた中小企業が，従来のタテのつながりからヨコのつながりへとシフトするために新連携が役立てられてきた．

　また，連携への参加が求められる主体も多種多様化してきた．一昔前はビジネスとは一線を画する位置にあった大学や研究機関，医療機関等が企業の活動に参画するようになった．そして，従来は競争力が相対的に劣位とされ，国内需要を主な対象としてきた農業や観光業なども，外需の取り込みも含めた市場拡大に向けて，他の業種と手を取り合うスタイルが模索されるようになった．

　幅広いネットワークが形作られることで，個々では小さな力が結合して化学反応を起こし，相乗効果やシナジー効果が生まれて，大小のイノベーションや事業の高度化が可能になると考えられる．そのような認識の下，多様な連携を梃子にした産業振興が今，広がりを見せている．

地域経済牽引企業の活躍を通じた産業の活性化

　地域の経済・産業の活性化に向けて2017年に制定されたのが，「地域未来投資促進法」(地域経済牽引事業の促進による地域の成長発展の基盤強化に関する法律)で

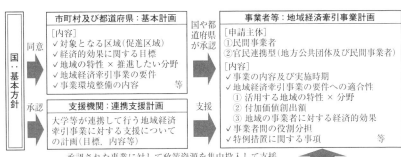

資料）経済産業省「地域未来投資促進法について」(2017年11月)より，みずほ総合研究所作成

図2　地域未来投資促進法の概要

ある．政府が2016年より手がけている未来投資推進の一翼を担い，地域事業者の研究開発や設備投資を後押しするものだ．

地域未来投資促進法は，2007年に制定された企業立地促進法を抜本改正する形で立法化された．その企業立地促進法の枠組みは，自治体主導で発案し，各地の得意分野をコアに据えた産業集積計画をベースとするもので，従来の立地促進策と比べて地域ごとに差別化しやすい支援措置が盛り込まれていた．地域未来投資促進法は，こうした産業振興の手法をさらに改革し，企業の力を主軸に地域活性化を図ろうとするものである．特に各地の経済を牽引するような中核的企業や未来挑戦型の中小企業を重点的に支援することにより，その波及効果によって地域内外の経済の好循環形成が目指される．

同法のスキームでは，国の基本方針に基づき自治体が地域特性にも目配りした基本計画を策定．この基本計画が国の同意を得られれば民間事業者などが地域経済牽引事業計画を作成し，これが承認されると投資減税，工場立地法の規制の特例といった各種支援措置が受けられる(図2)．すでに多くの基本計画が国の同意を得られており，先端的なものづくり，農林水産，ヘルスケア，観光・文化といった分野を中心に，今後各地で投資促進が図られることになる（例えば青森県弘前市は，特産のリンゴを活用した医療・ヘルスケア分野の振興を計画している）．2020年にかけて約2,000社の支援，1兆円の投資が目標化されており，今後の効果の広がりが注目される．

③

地域クラスター

〈POINT〉

- グローバル競争の激化や住民の減少等により地域産業が厳しい状況に置かれる中，地域の多様な主体の総力を結集する形での取り組みが重視されるようになってきた．
- 1990年代より，地域に立地する事業者と大学や研究機関が協力する産学連携が活発化してきた．共同研究や大学発ベンチャーの活動が続いているが，市場獲得に結びつけるには課題も残されている．
- 産学連携を基軸に，広域的な各種連携を組み合わせる「クラスター」の取り組みが2000年代から進められている．ネットワークの力を活用したイノベーションの創出に期待がかかる．

企業と大学が連携を模索する背景

「地域クラスター」は，特定のエリアにおける事業者(産)，大学や研究機関(学)，自治体(官)などがネットワークを構築し(「産学連携」や「産学官連携」)，協働して新技術や新商品・サービスの開発などを手がけることにより地域活性化を進めていこうという枠組みで，2000年代から取り組みが広がった．もともと「クラスター」とはブドウの房を意味し，地域産業政策においては多様な主体による集団やグループの形成・集積という意で使われることが多い．

地域産業の活性化において連携の動きが広がっているのは，複数の主体による協力関係の構築によって，互いの強みを持ち寄ったり，弱みを補い合うことで，新たな付加価値を生み出したり，持てる資源を結合させてイノベーションを起こすことが期待できるからである．

ここでは，イノベーションに直結する産学連携について再確認しておきたい．産学連携は，一般に企業と大学や試験研究機関などが協力して研究開発や技術

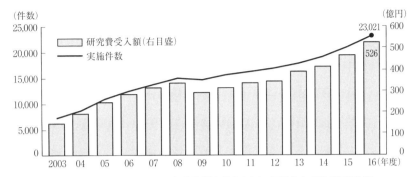

注) 対象機関は全国の国公私立大学(短期大学を含む),国公私立高等専門学校等.
資料) 文部科学省「大学等における産学連携等実施状況について」より,みずほ総合研究所作成

図1　大学等と民間企業等の共同研究実施状況

開発を行うもので,最も典型的な「共同研究」の他,大学等が民間からの委託を受けて分析や開発に当たる「受託研究」,大学が研究成果を特許などとして民間企業に活用させる「技術移転」,大学の教官・教員などが発明した技術の事業化のために創業する「大学発ベンチャー」といった形態がある.

　産と学の協力が活発化してきた背景として,一つには大学を取り巻く環境の変化がある.高等教育への進学率は上昇したが,少子化の進行で学生数は頭打ちとなっている.財政事情の厳しさから,文教支出も抑制されがちだ.このため,大学としても民間から資金を受け入れつつ研究費を確保していくことが有力な選択肢となっている.他方で,長引く経済の停滞やグローバル競争の激化は,大学以上に民間企業に直接的な影響を与えてきた.事業の選択・集中やコスト削減を迫られた企業は,研究開発機能の再編にも踏み込まざるを得なくなった.経費を抑えつつ技術力を強化するために,産学連携に力を入れるようになった一面があろう.

共同研究や大学発ベンチャーの動向

　産学連携については,文部科学省がその動向をフォローする統計を作成しているが,前述のうち「共同研究」の推移を見たものが図1である.共同研究は1990年代後半より活発化し始めたが,2004年の国立大学法人化を受けて連携体制が強固なものとなり,その後実施件数,研究費受入額ともに概ね増加基調

を続けてきた．一方，大学発ベンチャーについては，その設立数が 2000 年代半ばにかけて増加した後に急減し，その後は一進一退となった．近年はやや盛り返しつつあるが，それでも 2000 年代半ばのピーク時と比べると見劣りするレベルにとどまっている．

産学連携については，研究の件数や投入資金の拡大も重要ながら，その成果が新商品や新サービスへと結実し，市場の獲得や雇用の創造につながらないと，地域経済に大きくは貢献できない．地方の大学等が優れた技術シーズを持っていても，それをビジネス化するのは必ずしも容易ではないし，生み出されたイノベーションが先端的であるほど，実際に利用できるのは一部の大企業などに偏り，地場の中小企業が参画できる機会が限定されてしまうことが指摘されている．地域発のイノベーション創出とともに，その果実を地元にいかに還元し，地域経済の活力増進に結びつけていくかが引き続き課題となっている．

産業クラスターと知的クラスター

2000 年代に入ると，従来の産業振興策の手詰まり感と財政資金の制約などから，地域の個性を重視するとともに，民間の力が生かされやすい方向へと支援策の軸足がシフトされるようになってきた．例えば，主として 2000 年代に運用された「産業クラスター」(産業クラスター計画)は，地方のそれぞれの強みを前面に出す形で産業や技術を融合させ，ネットワークを通じた事業の高度化を図っていくプロジェクトとその支援の仕組みである．具体的には，地域の中堅・中小企業やベンチャー企業が大学や試験研究機関などと連携を形成しながら新事業を創造し，産業の集積を図るものとして，経済産業省がフレームを組み立てた．2001 年から 2010 年にかけて全国で 18 の産業クラスタープロジェクトが推進され，各地の経済産業局が活動をサポートした．

また，文部科学省が主導したものに「知的クラスター創成事業」があり，同じく 2000 年代に実施された．知的創造拠点としての大学や公的研究機関を核に，研究開発型企業などが参画して地域イノベーション創出のための共同技術開発活動を行い，成果の事業化や知的財産化を狙うもので，全国で約 30 のクラスターが組成された．文部科学省が関わった研究開発の事業化の枠組みには，他に「地域イノベーションクラスタープログラム」などもある．

表1 地域イノベーション・エコシステム形成プログラムの主な支援地域

	自治体	大 学 等	拠点計画のテーマ名
2016年度	茨城県	つくばグローバル・イノベーション推進機構	つくばイノベーション・エコシステムの構築 (医療・先進技術シーズを用いた超スマート社会の創成事業)
	浜松市	静岡大学	光の尖端都市「浜松」が創成するメディカルフォトニクスの新技術
	福岡県	九州大学	九州大学の研究成果を技術コアとした有機光デバイスシステムバレーの創成
	北九州市	九州工業大学	IoTによるアクティブシニア活躍都市基盤開発事業
2017年度	福井県	福井大学	ワンチップ光制御デバイスによる革新的オプト産業の創出
	山梨県	山梨大学	水素社会に向けた「やまなし燃料電池バレー」の創成
	長野県	信州大学	革新的無機結晶材料技術の産業実装による信州型地域イノベーション・エコシステム
	神戸市	神戸大学	バイオ経済を加速する革新技術：ゲノム編集・合成技術の事業化
	香川県	香川大学	かがわイノベーション・希少糖による糖資源開発プロジェクト
	熊本県	熊本大学	有用植物×創薬システムインテグレーション拠点推進事業

資料）文部科学省資料より，みずほ総合研究所作成

地域イノベーション・エコシステム形成プログラム

前述のようなクラスター事業の要素を引き継ぎ，現在手がけられているのが，「地域イノベーション・エコシステム形成プログラム」である．同プログラムは，地域における産学連携で技術シーズの事業化を図りつつ地方創生にも役立てる取り組みで，2016年度からスタートした．このプログラムでは，地域の大学と自治体が組んで，その地の特色ある研究開発資源をコア技術として活用して商品化を行い，社会的なインパクトの大きい事業モデルへと組み上げることが目指されている．2016年度には4件，2017年度には10件のプロジェクトが採択された（表1）．その一つである福井県＝福井大学のケースでは，眼鏡型のウエアラブル端末「スマートグラス」の開発が進められており，弱視者のための視覚補助への活用などが有望視されている．眼鏡製造が代表的地場産業となっている福井県ならではの試みといえよう．

地域の産業振興において技術革新が持つ効果は引き続き大きい．クラスター型の連携活動により，わが国の産業競争力強化を具現化するとともに，地域にも波及効果をもたらすイノベーションを創出していくことが期待されている．

④

地域中核企業活性化ファンド

〈POINT〉

- 地域経済を支えているのは，数多くの中小企業である．その中小企業が減少傾向をたどっている．事業環境の厳しさとともに，経営者の高齢化と後継者難による廃業も増加している．

- 中小企業の振興のためのさまざまな政策的支援が行われている．産業構造の変化やテクノロジーの進化といった潮流の中で，付加価値の高い事業への転換や生産性の改善，事業の承継や再編が求められている．

- 近年は官民連携によるファンドを通じた支援も広がりを見せている．企業の再生などをサポートする地域経済活性化支援機構は，資金の供給や人材の派遣などを通じて地域産業振興の支え役を担う．

減少傾向をたどるわが国の中小企業

　2000年代半ば頃より，官民が連携する形で組成したファンドから資金を供給することにより，企業を支援するスタイルが広がりを見せている．地方創生の面から，近年大きな役割を果たしているファンドの一つが「地域中核企業活性化ファンド」であり，安倍政権の成長戦略にも2015年から同ファンドの活用が盛り込まれている．本項では，地域経済における中堅・中小企業の重要性に着目しつつ，中小企業支援策や官民ファンドの動きを点描するとともに，標題のファンドの概要を確認する．

　わが国には数多くの中小企業があり，地域経済そして日本経済を支えてきた．規模は小さくとも，それぞれに個性と強みを持った中小企業の存在が，日本の産業競争力や国民生活の基盤となってきた一面があろう．

　しかし，1980年代後半の「バブル」が崩壊して以降，長期にわたり経済の停滞が続いてきた中にあって，多くの中小企業は厳しい立場に置かれてきた．

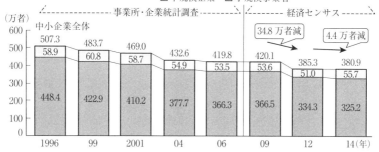

図1 中小企業数の推移

外に向かってはグローバルな競争の激化と円高基調，内においては少子高齢化や人口減少という環境変化の中で，中小企業は数を減らしてきた．事業者数は1996年には約507万あったが，2014年には約381万と，25％ほど水準を下げた（図1）．中小企業は，困難な状況下での事業運営を余儀なくされている．

中小企業の中には個々の領域で強みを持つものも多い．しかし，上記のような環境下，個社単独の経営資源で事業を拡大していくのは容易ではない．そこで，技術やノウハウ，情報，資金，人材などを補い合う各種の連携に期待が寄せられるようになった．4-②においても記したように，中小事業者についても協力体制の活用を通じた事業展開が，広く求められるようになっている．

経営者の高齢化と後継者難

わが国の中小企業の減少については，前述した経済環境の厳しさに加えて，経営者の高齢化が進み，事業の適当な継承者が見つけられないまま，廃業が増えていることも大きな要因となっている．日本ではすでに2008年をピークに人口が減少局面に入っており，同時に高齢化が進んで，人口に占める65歳以上の割合（高齢化率）はすでに25％を超えている．高度経済成長期から安定成長期の時期に企業を立ち上げた経営者も多くが高齢となり，引退の時期を迎えている．一方で，少子化が続いている影響もあって若い世代は人数が減る傾向にあり，事業を受け継ぐ人材が乏しくなっている．

国は，優れた技術やノウハウが廃業とともに失われてしまうことなどを懸念し，事業承継が円滑に行われるよう，税制やM&A(合併や買収)に関する制度の整備等の諸策を拡充してきたが，その効果は中小企業の減少を抑えるのに十分なものとはなっていない．

いずれにしても，日本経済の基盤を支える中小企業が引き続き活躍できる環境を整え，地域にも貢献できる事業継続の土壌を維持していけるよう官民が取り組んでいくことが必要になっている．

中小企業需要創生法による地場の企業の支援

地域経済の活性化には，地場の企業の事業活動が活発化することが欠かせない．地方創生の掛け声の下，地域における「ひと」や「しごと」の受け皿として中小企業が果たすべき役割は，一層大きなものとなっている．

そうした中で有力な支援の拡充策となったのが，2015年に成立した「中小企業需要創生法」である．同法は，官公需法，地域資源法(中小企業地域資源活用促進法)，中小企業基盤整備機構法を一括改正したもので，創業10年未満の若い中小企業の信用力向上や販路拡大に向け官公需で積極的に受注機会を確保するための措置を講じ，加えて中小企業による地域資源を使った事業への後押しを強化した．地域資源法は，特産品やふるさとの名物と認められる農林水産物や鉱工業品，観光資源を都道府県が「地域産業資源」に指定し，これを活用する中小企業の事業計画を国が認定した上で，助成や低利融資などでサポートするものである．中小企業需要創生法では，この支援の枠組みにおける市区町村の関与の強化や，商品開発・情報発信力を高める体制拡充，対象分野の拡大などが実施されている．

全国の自治体が地方創生に向けた取り組みを一斉に進めていることから，その地その地の名産や特色を生かした個性的な活動の遂行が必要になっている．このため，特区のような地域発の振興プランや中小企業の地域資源を活かした活動が重要性を増している．上記のような政策的バックアップなども有効に用いられることにより，今後の地域の活力向上，そして広がりを持った経済再生へとつながっていくことが望まれよう．

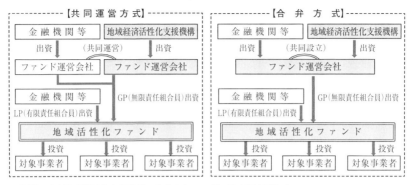

資料）地域経済活性化支援機構の資料より，みずほ総合研究所作成

図2 地域経済活性化支援機構のファンドによる事業者支援の枠組み

地域経済活性化支援機構（REVIC）

この10年ほどの間に重点化されるようになった政策手段に，国と民間が資金を出し合って事業者などに資金を供給する官民ファンドがある．インフラ，農業，環境など，分野・目的に応じて14の官民ファンドが活動している．

地方経済の振興を主軸としている官民ファンドとして，地域経済活性化支援機構（REVIC）がある．同機構は，もともと企業再生支援機構として2009年に創設された．2008年のリーマンショックに伴う厳しい経済状況に対処するため，企業の再建を担う機関であった（支援対象企業の事業再生計画の策定支援，債権の買い取り，出資，貸付，人材の派遣など）．その後，経済が落ち着きを取り戻す中で，中堅・中小企業への助力など地方経済の底上げにより特化した業務展開を図るため，2013年に地域経済活性化支援機構に改組された．

同機構は，ファンドを通じて対象企業を支援する．そのスキームには共同運営と合弁の2方式があり，金融機関などと連携しながらファンド運営会社に出資を行い，その運営会社が出資するファンドが対象事業者に投資する（図2）．そのファンド（地域活性化ファンド）の代表的なものが，地域中核企業活性化ファンドであり，同機構による企業への人材支援なども併せて行われている．

このようなファンドの力も借りながら，中小企業が事業の再生や変革を進めることにより，地域経済の活力が高められることが目指される．

⑤

ビジネス・インキュベータ

〈POINT〉

- 地域経済の活性化に向けて，新たな事業の担い手としてのベンチャー企業に対する期待は大きい．しかし，わが国は他の主要国と比べて起業が活発ではなく，創業促進が課題となっている．
- 1980年代頃より，地域におけるベンチャーの振興を図るため，各地で支援施設である「ビジネス・インキュベータ」が順次整備された．官民の連携などにより，起業の拡大が目指されている．
- ビジネス・インキュベータの活用などによりスタートアップは行われているが，事業の継続や拡大には困難が伴う．地域経済を支える企業にまでいかに育てていくかが課題となっている．

起業が活発ではないわが国の状況

　「ビジネス・インキュベータ」は，創業から間もない企業を支援する施設であり，事業を行うための低賃料のスペースや各種支援サービスを提供して，その企業の成長をサポートする機能を持つ（「インキュベータ」は孵化器を意味する）．新たなビジネスを担い雇用機会を生み出す企業が生まれることは，地域経済ひいては日本経済の活性化に結びつく．このため，ベンチャーの創出促進は，自治体にとっても国にとっても重要なテーマとなっている．

　4-④でも見たように，わが国では事業者数の減少が続いている．これは廃業が開業を上回り続けていることによるもので，2012～14年においても廃業率6.1%に対し開業率は4.6%となっている．こうした中，いかに起業・創業を増やしていくかが課題であり続けている．

　1990年代以降，経済の低空飛行が長引く中で，産業に新陳代謝をもたらすベンチャーにかかる期待は大きい．開業促進の重要性はかねてより指摘されて

90 　4 連携と創発による事業の活性化

表1 中小企業基盤整備機構が運営するビジネス・インキュベータ

都道府県	ビジネス・インキュベータ	都道府県	ビジネス・インキュベータ
北海道	北大ビジネス・スプリング	滋賀県	立命館大学BKCインキュベータ
宮城県	東北大学連携ビジネスインキュベータ	京都府	京大桂ベンチャープラザ ほか2施設
埼玉県	和光理研インキュベーションプラザ ほか1施設	大阪府	クリエイション・コア東大阪 ほか2施設
千葉県	東大柏ベンチャープラザ ほか2施設	兵庫県	神戸医療機器開発センター ほか1施設
東京都	農工大・多摩小金井ベンチャーポート		
神奈川県	慶應藤沢イノベーションビレッジ ほか1施設	岡山県	岡山大インキュベータ
静岡県	浜松イノベーションキューブ	福岡県	クリエイション・コア福岡 ほか1施設
石川県	いしかわ大学連携インキュベータ	長崎県	ながさき出島インキュベータ
愛知県	クリエイション・コア名古屋 ほか1施設	熊本県	くまもと大学連携インキュベータ

資料) 中小企業庁「中小企業施策利用ガイドブック」等より，みずほ総合研究所作成

きたところであり，政府も順次支援策を整備してきた．90年代には，ベンチャー企業への低利融資，投資促進税制などの措置が創設された他，ベンチャー企業への投資にインセンティブを与える税制(エンジェル税制)も導入された．2000年代には資本金規制の改革が行われた．かつては株式会社を設立するためには最低でも1,000万円を用意する必要があったが，2003年の中小企業挑戦支援法により特例として1円起業が可能になり，続く2006年の会社法により，最低資本金規制そのものが廃止された．このように起業は容易になり，支援策も充実が図られてきてはいるが，経済環境の厳しさなどもあって新規創業は必ずしも活発とはいえない．近年は，チャレンジを志す若者を増やそうと，学校教育の段階から起業への意識づけに努める動きも広がり始めている．

各地で整備されたビジネス・インキュベータ

新たに事業を立ち上げるには，まずその拠点となる事業所を確保しなければならないが，スタートアップの企業にとってその負担は大きい．また，事業が軌道に乗るまでは，さまざまな経営上のリスクへの耐性も十分ではない．このため，オフィススペースや設備を提供し，各種のビジネス上のサービスを行っ

⑤ ビジネス・インキュベータ　91

て創業を支援する器として，各地にビジネス・インキュベータが整備された．代表的なものは(独立行政法人)中小企業基盤整備機構が運営するもので，各地に約30施設がある(表1)．その中には，大学や研究機関と連携しているものも多い．この他にも，自治体や第三セクター，商工会議所，NPO(非営利団体)，民間企業によるものなどがあり，全国で合わせて約500のビジネス・インキュベータが活動している．

　一般的にビジネス・インキュベータは，入居オフィスのほか会議室や共用スペース，情報インフラなどを備え，施設によっては測定・実験器具なども貸し出す．ベンチャー企業の経営者や従業員同士の触れ合いも有用であるため，交流空間を用意するところもある．ソフト面のサポートはインキュベーション・マネージャーが担い，経営上のアドバイスや専門人材の紹介，行政情報の提供，資金調達・販路開拓の支援などを行うのが一般的である．

　経済産業省は，ビジネス・インキュベータの整備事業について，一定の要件の下で経費の一部を補助するなどの支援体制を用意している．

インキュベータの課題

　ビジネス・インキュベータは，当初はハード面としての「器」づくりが急がれたが，その後ソフト面の支援が重視されるようになった．資金調達や販路開拓をサポートする施設が増えており，大学や研究機関と連携して技術支援を行うケースもある．経営へのアドバイスもその一つだ．そうした中で浮かび上がったのが，ソフト支援を担うインキュベーション・マネージャーの不足である．このため，経済産業省ではマネージャーとなる専門人材の養成にも取り組んできた．施設には入居期間の設定があり，これを過ぎると他に事業所を移さなければならなくなるため，入居期間の延長や柔軟化も課題となっている．

　企業が施設を「卒業」した後のフォローアップも大切とされる．経営が軌道に乗り，業容を拡大していくにはさまざまなハードルがあり，これを乗り越えるための下支えもビジネス・インキュベータの一つの役目といえよう．また，地域経済の浮揚という観点からみると，ベンチャー企業と地域コミュニティの関係性を強め，地元の雇用の創出や地域の他の中小企業などとのシナジー効果に結びつく取り組みも求められよう．

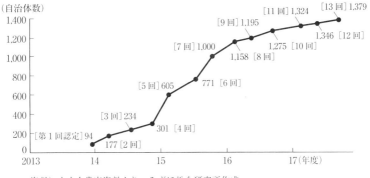

資料）中小企業庁資料より，みずほ総合研究所作成

図1　創業支援事業計画の認定実績

産業競争力強化法に基づく創業支援事業計画のスキーム

　最後に，近年の起業促進の取り組みとして，産業競争力強化法に基づく「創業支援事業計画」のスキームに触れておこう．これは，市区町村が民間事業者等と連携して創業支援を行う活動を後援するものだ．市区町村の計画が国の認定を得られると，創業者は助成金，税負担軽減などのバックアップを市区町村や創業支援事業者から受けられるが，国はこの枠組みを交付金によって支える．当制度の計画認定は2014年3月の第1回認定以降順次増加しており，2017年12月の第13回認定までに1,379自治体が認められている（図1）．

　大学発ベンチャーが産学連携の代表的スタイルともなってきているように，新たに生まれる企業にとって連携は大切な仕掛けである．駆け出しの企業は，特に経営資源が十分でないことが多い．各種連携でこれを補うことが良策であるし，ベンチャー企業が連携のコアとなったり触媒となることで，新たな事業が発展していく面もあろう．

　経済の停滞に喘（あえ）いできたわが国は，今後も人口が減少する趨勢の下，いかに成長力を維持・向上させていくかが必須の課題となっている．個々の分野に強みを有する中小企業や魅力的なアイディアを携えたベンチャー企業が果たす役割は大きいし，そうした企業が活躍する舞台を支える有効な政策の打ち出しが希求されているといえよう．

⑥

ローカルベンチマーク

〈POINT〉

- 地方創生の実現には，各地の地場の企業が収益性を高め，「稼ぐ力」を向上させることが有効である．そのためには，企業の経営状況を詳細に把握し，そこから対応策を練り上げていくことが重要になる．
- そこで，経済産業省の主導により，企業の「健康診断」を行うツールとして「ローカルベンチマーク」が導入された．この枠組みでは，企業の財務・非財務情報を把握した上で，経営支援につなげていく．
- ローカルベンチマークでは，企業と金融機関や支援機関との対話が重視される．その上で，地域経済・産業の特性や企業のライフサイクルに応じた支援が行われることで，効果の増進が目指される．

求められる地域経済を支える企業の「稼ぐ力」の向上

　地方の活力を高めるためには，それぞれの地域を支える中堅・中小企業などが生み出す付加価値を高め，「稼ぐ力」を向上させることで新たな投資や雇用を生み出していく連鎖が欠かせない．

　そのための一つの手段として，近年経済産業省の主導で取り入れられたのが「ローカルベンチマーク」（略して「ロカベン」）である．これは，経営課題の把握や分析を通じて，企業が金融機関や支援機関，自治体などとの対話や相互理解を進めるためのツールであり，個々の企業の経営の改善や成長，地域経済の振興のための手立てとなるものだ（図1）．

　経済産業省は，2016年3月にローカルベンチマークの検討の取りまとめを公表．続いて5月には活用行動計画を提示した．また，同年9月には，金融庁も「金融仲介機能のベンチマーク」を発表している．

　こうして利用段階に入ったローカルベンチマークの狙いは，企業経営者と金

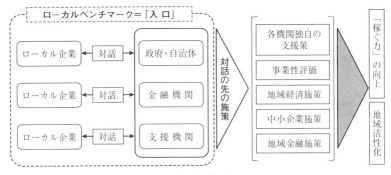

資料）経済産業省資料より，みずほ総合研究所作成
図1　ローカルベンチマークのイメージ

融機関や支援機関が対話を行い，そこから企業の成長力や持続力を評価するとともに事業における課題を把握し，先々の経営の改善に役立てることだ．取り引きする金融機関にとっても，コンサルティング機能を強化し，企業の課題解決に向けた支援に活用することが期待され，これは金融の円滑化を通じた地域経済の活性化にもつながる．また，対話から得られた知見を，地域の経済・金融に関わる施策や中小企業関連政策に役立てていくことも視野に入る．

「見える化」を重視するローカルベンチマークのスキーム

ローカルベンチマークは，経営状況を「見える化」する企業の健康診断ツールであり，地域を俯瞰する視点と個別企業を評価する視点の二つの段階から成る（図2）．

第一段階は，地域の経済・産業の現状と見通しの把握であり，具体的には地域の産業構造，雇用状況，内外の取引の流れ，需要構造などが対象となる．ここで有用なのが，地域経済分析システム（Regional Economy Society Analyzing System: RESAS）の活用である．同システムは，地域経済に関わる各種のビッグデータを使い，地域の経済，産業，雇用などの動態をわかりやすく「見える化」する．これは，自治体の地方創生に関わる政策立案などにも役立つアイテムとなる．

第二段階は，個別企業の経営力評価と経営改善のための対話で，財務分析や

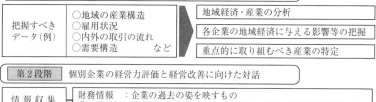
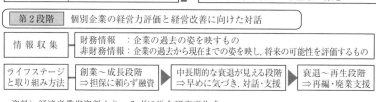

資料）経済産業省資料より，みずほ総合研究所作成

図2 ローカルベンチマークの第1段階と第2段階

非財務面のヒアリングをベースに実施される．財務情報は，企業の過去の姿を映すものとして，売上増加率，営業利益率，労働生産性など6指標が掲げられている．非財務情報は，企業の過去の姿と将来の可能性を示すもので，経営者自身に加え，ビジネスモデル，企業を取り巻く環境等が挙げられている．

こうした材料をもとに，経営上の強みや課題を押さえるとともに，経営者と金融機関，支援機関の間で課題をめぐる認識を共有し，経営改善へのビジョンを描く．その上で，これを具体化するための諸策を実行に移し，一定期間後にチェックを行って，課題の再発見・解決へと進むサイクルを回していく．

企業のライフサイクルに応じた支援

企業への支援は，ライフサイクルに従って必要となる対応を的確に講じていくことが効果的である．創業期には，新事業の価値評価とそれに適合する公的なバックアップ．成長期には，ビジネスマッチング，技術開発や販路開拓への支援．成長が鈍化する段階では，経営の改善に向けた支援機関や金融機関によるコンサルティング機能．残念ながら衰退期に入った企業については，再建計画の策定サポートや，事業再生，事業の承継等となる．

今後はローカルベンチマークを活用した事例の収集・分析を進めて，成果に結びつくノウハウの共有を図りつつ，中小企業の生産性向上などにつなげていく段階となる．ローカルベンチマークを軸とした連携なども注目点となろう．

5 ヒトが集い
憩う場の再形成

まちづくりに関わるキーワード

① コンパクトシティ
② 日本版 CCRC
③ スマートシティ
④ 立地適正化計画
⑤ シェアリングエコノミー
⑥ 大都市の再開発

①

コンパクトシティ

〈POINT〉

- 街の諸機能を中心市街地に集約するコンパクトシティは，人口減少や高齢化が進む日本では重要な政策となっている．1990 年代以降，積極的に進められており，青森市と富山市が代表的な事例とされる．
- 地域政策では成功事例を各地に展開することが期待されている．しかし，コンパクトシティの成功事例とされた青森市の「アウガ」の破綻では，先進事例を成功事例と勘違いしてしまうリスクが顕在化した．
- 人口減少や高齢化が進む中でコンパクトシティは必要な対応ではあるものの，中心市街地の商店街活性化の難しさや同一経済圏内での自治体間の利害対立など，実現に向けてさまざまな難題がある．

90 年代以降進んだコンパクトシティ

「コンパクトシティ」とは，街の諸機能を中心部に集約することにより中心市街地の活性化を図り，住民にとっての利便性が高くかつ行財政面・経済面で効率的となった都市，またはそれを目指した都市政策である．

日本では 20 世紀後半の人口増加期に住宅の郊外化が進展するとともに(ドーナツ化現象，1-③参照)，モータリゼーションの進行で主に地方圏で商業施設が郊外に立地するようになった．これに対し，1980 年代後半から「シャッター通り」化した中心市街地の商業機能の活性化を目指す動きが大規模小売店舗の立地規制という形で進められたが，うまくいかなかった．90 年代後半になっていわゆる「まちづくり三法」が整備されたが，自治体の枠を越えた郊外の開発が抑制されず，中心市街地の衰退に歯止めがかからなかった．そのため，2006 年にまちづくり三法が改正され，広域的な郊外開発規制が可能となった．

古い店が並ぶ駅前商店街の中で，アウガのファッショナブルな外観は目立つ．

以前のテナントの案内表示．1～4階の商業テナントは撤退し，その後，青森市役所の一部が入居している．

写真1　ありし日のアウガ（青森市）

ハコモノ先進事例を成功事例と勘違いしがち

　まちづくり三法をはじめとした地域政策では，ある地域での成功事例を他の地域に展開する対応が主流である．まちづくりの主役である市町村が，さまざまな成功事例の中から最適なものを選び出して学ぶことも大切であろう．

　そこで問題となるのは，何をもって成功と判断するのかであろう．長年にわたり事例を検証し成功が確認されるのが望ましいが，実際に関係者の注目を集めるのは事業開始直後の状況であろう．つまり，成功事例とされるのは実は先進事例であって，実際に成功するのかどうかまだ見極めがついていない場合が多い．特に国や自治体が得意とするハコモノは，開業当初とその後を分けて冷静に判断する必要がある．その顕著な事例が青森市の「アウガ」だ（写真1）．

　コンパクトシティ政策で後述の富山市と並んで著名なのが青森市である．同市の青森駅近くに2001年に第三セクター方式で開業した大型複合施設「アウガ」は，官主導の代表的な成功事業として大いに喧伝された．そのため，全国から視察者が殺到し，アウガと似たようなコンセプトで全国に類似施設が次々と作られた．例えば，福井市の複合施設「アオッサ」は名称までアウガと似ている．しかし，アウガは開業初年度から売上目標が達成できず，2008年には経営危機が表面化した．その後の相次ぐ公的支援にもかかわらず，ついに2017年には地上部分の商業部分が閉鎖され，青森市が市庁舎の一部として活用する

形で処理されることとなった．この間，コンパクトシティを推進した市長は2009年の市長選で落選し，再建を担った次の市長も責任をとって辞任している．アウガの視察者の多くもこの窮状は予想できなかったのではなかろうか．

ハコモノは総じて開業当初は世間の耳目を集め，賑わいをもたらしやすい．その賑わいが実際に売り上げにきちんと結びついているのか，冷静に検証されるべきであるが，当初の賑わいだけをみて成功と判断されてしまうことが多い．このため，結果が明らかになる前に他地域で展開されてしまう．

現在のコンパクトシティでは，交通機関と連携した「コンパクトシティ・プラス・ネットワーク」が強調されている（5-④参照）．これは，青森市と並ぶ著名「先進事例」である富山市における「串と団子構想」に似ており，「コンパクトシティ・プラス・ネットワーク」も富山市という先進事例を参考にしたものといえるかもしれない．しかし，富山市はこれまでの中心市街地における多数のハコモノ建設への支出もあって，中核市の中で1人当たりの公的債務が上位となっているものの，現段階でコンパクトシティの成功を確信できるほどの成果が挙がっているとまではいえない（写真2）．

コンパクトシティは難題山積

人口減少や高齢化などへの対応としてコンパクトシティは必要ではあろうが，実際に政策を進めるにあたっては難題が山積している．第一は，中心市街地の商店街活性化の困難さである．モータリゼーションなどによる郊外への商業施設の立地や，実店舗の存在を脅かしているインターネットショッピングの台頭といった経済社会の構造変化に対し，中心市街地の商店街は十分には対応できておらず，こうした変化を受けて既存の商店街を守るという姿勢では，中長期的な効果は見込みにくい．英国のまちづくりでは，中心市街地の商業機能の担い手は住民の「チョイス」で決まるとされる．日本でも，コンパクトシティを推進することと中心市街地の商店街の保護は別物と認識されるべきだ．

第二は，街の諸機能を集約する中心が既存の中心市街地でいいのかという点である．モータリゼーションの進展により地方圏では車でのアクセスが最重視されており，既存の中心市街地はその点でかなり不利である．交通の便がよいインターチェンジ周辺に商業施設や住宅が集まるようになっている地方圏の現

巨大な商業施設が中心市街地につくられたものの(左),すぐ近くの商店街(右)は賑わっているとはいいがたい.

写真2　富山市の中心市街地の現状

状を考えると,郊外の適切な場所に新たな中心を設定することも一案であろう.地価が高い中心市街地の衰退は自治体の税収面からも大きな問題とされるが,中心市街地と商業機能や住宅が集約しつつある郊外で地価が逆転している自治体も出てきている.既存の中心市街地への公共投資がこれまで大きかったところもあろうが,冷静に将来の中心となるべき地域を見定め,そこに街のさまざまな機能を集約させるべきであろう.

　第三は,同じ経済圏に複数の自治体がある場合,その経済圏のコンパクトシティの推進はどこが担うのかという点である.理想的には同一経済圏に含まれるすべての自治体が一致団結すべきだが,自治体間で利害が相反することも多く,その調整は難しい.まちづくり三法の改正によって自治体間調整が可能となったとされるが,コンパクトシティで知られる都市でも,郊外では商業施設や住宅地の開発が別の自治体によって進められていることがある.

　こうした事象は,巨大都市圏で近年進む都心回帰においても見られる.巨大都市圏の中心には人口だけでなく商業施設やオフィスなどが集中しつつあり,巨大経済圏では都心回帰という形でコンパクト化が進んでいる.これは自治体単位のコンパクトシティとは相反するものとなる可能性が高く,実際に巨大経済圏にあっても中心でない自治体は,都心回帰を必ずしも歓迎していない.

　コンパクトシティを政策として推進するためには,これらの点について利害の相反する関係者を調整して現実的な解を見出していく必要があろう.

② 日本版 CCRC

〈POINT〉

- 日本版 CCRC とは，地方圏において多世代との交流や医療・介護サービスが充実したまちづくりを進めることで，東京圏を中心とする大都市圏の中高年の地方圏への移住促進を図るものである．
- 日本版 CCRC が推進される背景には，地方圏で中高年が減少する一方，大都市圏で中高年が増加していくことがある．また，大都市圏の中高年の中で，地方移住希望者が少なくないことも見逃せない．
- 地方圏の活性化のためには，元気な中高年が移住して，労働や消費で地域に貢献することが重要である．そのための課題は，若者の移住と同じくやりがいのある仕事の確保であろう．

大都市圏から地方圏へ高齢者移住を促進する日本版 CCRC

　「日本版 CCRC（Continuing Care Retirement Community）」は，多世代との交流や医療・介護を享受できる地域づくりを地方圏で進めることで，東京圏など大都市圏の中高年の地方圏への移住促進を目指すものである（図1）．少子化による学生数の減少に苦しむ地方圏の大学などと連携し，生涯にわたっての就労を支える中高年向けのリカレント教育（社会人の学び直し）などを充実させる「大学連携型 CCRC」も期待されている．この構想は，地方創生による東京圏一極集中是正にも合致するとして，国も推進している．

　こうした動きの背景には，大都市圏における高齢者の増加がある．いわゆる団塊の世代（1947～49年生まれ）には高度成長期の集団就職などで地方圏から大都市圏へ移った者が多いが，この世代が2020年代半ば以降に75歳以上の後期高齢者となると，大都市圏では医療・介護のための施設やマンパワーが不足するとみられている．一方，地方圏では今後高齢者が減少傾向になって医療・介

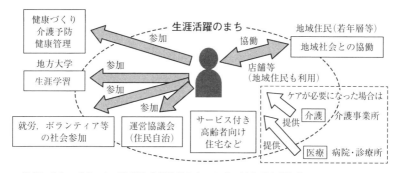

資料）まち・ひと・しごと創生本部資料より，みずほ総合研究所作成

図1　日本版CCRC構想の概念図

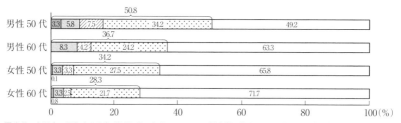

■今後1年以内に移住する予定・検討したいと思っている　□今後5年をめどに移住する予定・検討したいと思っている
▨今後10年をめどに移住する予定・検討したいと思っている　▧具体的な時期は決まっていないが，検討したいと思っている
□検討したいと思わない

資料）内閣官房「東京在住者の今後の移住に関する意向調査」（2014年8月）より，みずほ総合研究所作成

図2　東京在住の50代・60代の移住希望の有無

護施設などが余ると考えられ，その有効活用が望まれている．

　また，大都市圏の中高年に地方移住希望者が少なくないことを挙げることができよう．例えば，東京圏に住む50代の男性の約半数，50代の女性の3割強が地方圏への移住を希望している（図2）．日本版CCRCは，元気な中高年にできるだけ早く地方圏へ移住してもらう環境づくりであり，労働面や消費面で地方経済の活性化に資する可能性が高いとされている．

　このように，日本版CCRCは元気な中高年が大きなターゲットの一つであるため，海外でAARC（Active Adults Retirement Community）と呼ばれる存在に近いイメージといえよう．

米国の CCRC サンシティの事例

海外の CCRC の先駆的な事例として有名なのは，1960 年代に米国アリゾナ州に建設された「サンシティ」(Sun City)であろう．米国ではこのような中高年専用コミュニティに移住する中高年はどちらかといえば富裕層と見られているため，CCRC や AARC のような中高年専用コミュニティはシニアビジネスとして期待されている．

実際のサンシティは数万人が暮らす巨大なコミュニティであるが，住民のほとんどが中高年となっており，シニアサービス従事者として居住が期待された若者の存在感は希薄である．

また，米国には CCRC が約 2,000 カ所あり，およそ 75 万人が居住しているとされるが(まち・ひと・しごと創生本部資料)，大学連携型 CCRC はそのうち 70 カ所程度にとどまっている．米国と日本では人口も高齢化の度合も違うとはいえ，CCRC に住む高齢者は米国でも少数派であることは明らかだ．

日本版 CCRC のメインターゲットは未婚の中高年か

高齢者の中でも，長年住み慣れた場所でこれからも暮らし続けたいという人が多数派であろう．近年は施設型介護よりも在宅介護が重視されている中，在宅の場合の家事支援では子どもへの期待が大きく，子どもを持つ者にとって，中高年になってから子どもと離れて暮らすことをあえて希望する者は少数派と思われる．

したがって，日本版 CCRC がメインターゲットにすべきは，現在の居住地に基本的な生活基盤を残しながら別荘のように日時を限って他の地域にも住居を構えるという二地域居住を希望する中高年や，未婚ゆえ子どものいない中高年ではないだろうか．図 3 のように，二地域居住を希望する中高年は男女とも 3 割程度存在する．また，生涯未婚率(50 歳時点で一度も結婚した経験がない者の割合)は，1990 年代以降，急激に上昇しており(図 4)，未婚の高齢者は今後大きく増加していく．

日本版 CCRC の目的の一つは，元気な中高年の活躍の場，特にやりがいのある仕事を地方圏で増やすことであろう．人手不足もあって，希望すれば何ら

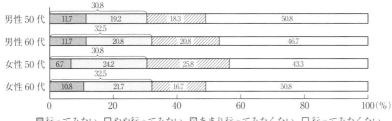

資料）内閣官房「東京在住者の今後の移住に関する意向調査」(2014年8月）より，みずほ総合研究所作成

図3　東京在住の50代・60代の二地域居住の意向

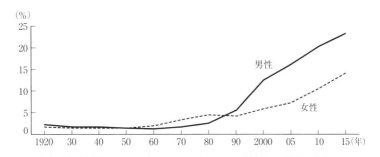

注）生涯未婚率は45～49歳と50～54歳における未婚率の平均値で算出．
資料）総務省統計局「国勢調査結果」(各年版）より，みずほ総合研究所作成

図4　生涯未婚率の推移

かの仕事が得られる高齢者は少なくない．こうした高齢者は定年まで勤めていた会社での雇用継続や知人・友人の紹介による転職といったケースが多く，現在の居住地を離れることはあまりない．

しかし，元気な中高年こそ地縁血縁のない地方圏で，大都市圏での就業経験を生かして創業したり，後継者不足で悩む地方圏の中小企業のマネジメントに携わったりすることが望まれよう．元気な中高年の移住促進のためには，若者と同様に「しごと」づくりが欠かせない．

③

スマートシティ

〈POINT〉

- スマートシティとは，太陽光発電など再生可能エネルギーと蓄電池などを組み合わせてエネルギーを創り・蓄えて，利用状況を「見える化」することなどで賢く使う(省エネルギー)街づくりである.
- 内閣府では，低炭素社会(環境)と経済，社会課題の３つの側面から街づくりを進める「環境未来都市」構想の実現を進めており，国連の「持続可能な発展」(SDGs)への貢献も期待されている.
- 海外においては，IoT の進展，EV(電気自動車)へのシフト，自動車の自動運転の実証なども含め，新たな交通・生活のあり方も見据えたスマートシティへの実証が始まっている.

スマートシティから暮らしの「IoT」へ

スマートシティは，太陽光発電やバイオマス発電など再生可能エネルギーの利用や蓄電池などを組み合わせることでエネルギーを創り・蓄え，利用状況を「見える化」をすることで賢く使い(省エネルギー)，さらに電気自動車の活用や IoT(Internet of Things: モノのインターネット)技術を組み合わせてエネルギーを効率的に利用していく低炭素型の新しいタイプの街づくりである.

その代表例といえる千葉県柏市の「柏の葉スマートシティ」(写真1)は，環境共生都市，健康未来都市，新産業創造都市という３つのコンセプトに基づく街づくりを公・民・学の連携で進めている．このうち環境共生都市については，商業施設やオフィス，マンションなどを自前の送電線で結び，ピーク時の電力融通や災害時対応のためのシステムを構築しており，太陽光パネルや蓄電池などによる再生可能エネルギーも利用できる.

また，神奈川県藤沢市の「Fujisawa サスティナブル・スマートタウン」で

106 　5 ヒトが集い憩う場の再形成

写真 1 柏の葉スマートシティのスマートセンター

は，戸建住宅を中心とした複合市街地において太陽光発電や蓄電池を導入し，エネルギーを創り・蓄える取り組みを進めている．その街づくりにおいては，エネルギーマネジメントの観点だけでなく，安全・安心やカーシェア・サイクルシェア，健康・コミュニティでの取り組みも同時に進められている．

IoT によりすべてのものがインターネットにつながることで，新しい暮らしのスタイルが生まれる可能性がある．東京急行電鉄，パナソニックグループや美和ロックなど業界の垣根を越えた 97 社(2018 年 6 月 4 日現在)が「コネクティッドホームアライアンス」を設立し，「暮らしの IoT」導入への課題を検討している．

スマートシティから環境未来都市へ

内閣府では，自治体レベルでの環境，経済，社会の 3 側面から持続可能な都市を目指す「環境未来都市」構想の実現を目指している(図 1)．その構想の実現に向け，地域資源を最大限に活用し，低炭素化と持続的発展を両立する多様な地域モデルである「環境モデル都市」(23 都市)および環境・超高齢化対応等に向けた人間中心の新たな価値を創造する「環境未来都市」(11 都市・地域)が認定されている(2018 年 5 月現在)．例えば，環境未来都市の一つである北海道下川町は，豊富な森林資源をもとにした循環型森林経営と木質バイオマス活用を中心とした小規模分散型の再生可能エネルギー供給システム整備により，エネルギーの完全自給に向けた「森林未来都市モデル」を目指している．

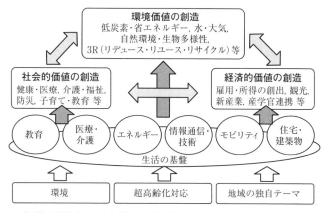

資料）「環境未来都市」構想推進協議会「「環境未来都市」構想」(2017年)より，みずほ総合研究所作成

図1　環境未来都市とは

SDGs実現へ向けて

2015年9月の国連サミットでは，2001年策定の「ミレニアム開発目標」に変わる「持続可能な開発目標」(Sustainable Development Goals: SDGs)が全会一致で採択された．そのSDGsでは，先進国を含む国際社会の開発目標として，2030年を期限とする包括的な17の目標，さらに細分化された169のターゲットが設定され，「誰一人取り残さない」社会の実現を目指し，経済・社会・環境をめぐる広範な課題への統合的な取り組みが行われる(図2)．また，すべての関係者(先進国，途上国，民間企業，NGO，有識者等)の役割が重視され，都市についても，目標11で「包括的で安全かつレジリエントで持続可能な都市および人間居住を実現する」とされている．国連の持続可能な開発目標ファクトシートによれば，面積にして陸地部分の2%にすぎない都市がエネルギー消費の60〜80%，炭素排出量の75%を占めている．また，2030年には都市部に住む人口の割合が，現在の半分からほぼ60%に高まるとしている．

そのため，2030年に向け，水資源，エネルギー，廃棄物処理など含めた持続可能な都市の実現が求められる．わが国の都市が克服してきた公害などの都市課題への対応，先行して対応が迫られている超高齢化社会などへの都市の対応について，環境未来都市などのモデルにより，世界にその解決の道筋をみせ

2030 年に向けた国際目標

持続可能な開発目標
世界を変えるための 17 の目標

三層構造
ゴール(17)
ターゲット(169)
指標(約 230)

1	貧困をなくそう	2	飢餓をゼロに	3	すべての人に健康と福祉を	4	質の高い教育をみんなに	5	ジェンダー平等を実現しよう	6	安全な水とトイレを世界中に
7	エネルギーをみんなにそしてクリーンに	8	働きがいも経済成長も	9	産業と技術革新の基盤をつくろう	10	人や国の不平等をなくそう	11	住み続けられるまちづくりを	12	つくる責任つかう責任
13	気候変動に具体的な対策を	14	海の豊かさを守ろう	15	陸の豊かさも守ろう	16	平和と公正をすべての人に	17	パートナーシップで目標を達成しよう		

全ての国, 地域に普遍的に適用

進捗状況のモニタリングと評価
(法的義務なし)

資料) 国際連合「私たちの世界を転換する：持続可能な開発のための 2030 年アジェンダ」
(2015 年)等より, みずほ総合研究所作成

図 2　SDGs(持続可能な開発目標)

ていくことは SDGs の達成, 持続可能な都市の実現に向けて大きな意義がある.

新たな交通・生活スタイルの実証を目指す海外のスマートシティ

スマートシティには, まったく新しい都市をつくる「新都市型」と都市を改良していく「再開発型」があり, 先進国の事例の多くは「再開発型」のスマートシティである. しかし, 欧米の近年のスマートシティの取り組みは, 日本の取り組みと重視している分野, 投入する予算などが大きく異なる.

例えば, 米国運輸省(USDOT)が実施するスマートシティチャレンジでは, 自動車の自動運転, センサーを利用したインフラなどの新しい交通システムや, インフラ改善の技術要素を枠組みとしたプロポーザル公募を実施し, 優勝都市一つに 4,000 万米ドルの提供を行った. また, パートナー企業からも資金供与や技術・サービスの供与を行った. スマートシティチャレンジは, 1 都市で集中して実証を行うことで, 都市課題への技術適用可能性の確認, 実現に必要な技術・政策・制度的な改善の必要性の確認, 他都市で再現するための成功要件の定義を行うことを目的としている.

新たな枠組みづくりのための実証をいち早く始めること, かつ集中的に予算を投下して見極めを早く行うことなどは重要な示唆となろう.

③ スマートシティ | 109

④
立地適正化計画

〈POINT〉

- 安心できる健康で快適な生活環境の実現と持続可能な都市経営の実践が街づくりの課題である．そのために，コンパクトシティ・プラス・ネットワークの考え方に基づく街づくりが求められる．
- 立地適正化計画は，公共交通とのネットワークとコンパクトシティの連携や，都市全体を俯瞰した上での居住や福祉など民間の施設や活動の誘導を図っていくことを目指している．
- 立地適正化計画は，都市機能誘導区域や居住機能誘導区域を設定し，区域内外でさまざまな優遇策をとる，あるいは制約を課すことで，区域内への立地を緩やかに誘導していくものである．

コンパクトシティ・プラス・ネットワークの考え方に基づく立地適正化計画制度

　高齢化と人口減少が進行する中，高齢者や子育て世代にとって，安心できる健康で快適な生活環境の実現，持続可能な都市経営を行っていくことが，今後の街づくりにとっての課題となる．そのためには，医療・福祉施設，商業施設や住宅等がまとまって立地し，高齢者をはじめとする住民が公共交通によりこれらの生活利便施設等にアクセスできるように，交通も含めて街づくりの構造を見直し，「コンパクトシティ・プラス・ネットワーク」の考え方を進めていくことが重要である．

　立地適正化計画制度は，こうした背景を踏まえ，行政と住民や民間事業者が一体となって「コンパクトな街づくり」に取り組んでいくため，都市再生特別措置法の改正により 2014 年に創設された．

110　　5 ヒトが集い憩う場の再形成

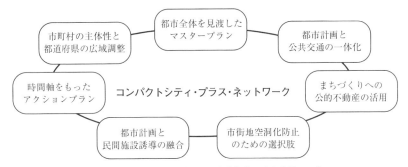

注）公的不動産（PRE）とは市町村が所有する公共施設や公有地等のこと．
資料）国土交通省「「都市再生特別措置法」に基づく立地適正化計画概要パンフレット」
（2014年8月1日時点版）より，みずほ総合研究所作成

図1　立地適正化計画制度の意義・役割

これまでの制度との違いと意義・役割

　立地適正化計画制度と「まちづくり三法」などのこれまでの制度との違いは，大きく二つある．第一は，初めて「コンパクトな街づくり」と「公共交通によるネットワーク」の連携を具体的に措置したことである．第二は，「コンパクトな街づくり」を進めるために，都市全体を見渡しながら，居住や福祉などの民間の施設や活動の誘導を図っていくことに焦点を当てていることである．

　国土交通省では，立地適正化計画制度の意義・役割を7つ示しているので（図1），そのうちのいくつかを紹介する．第一に，立地適正化計画は，公共交通等を含むさまざまな都市機能を，都市全体を見渡したマスタープランとして位置づけられる市町村マスタープランの高度化版になっている点である．そして，コンパクトな街づくりと地域交通の再編との連携により「コンパクトシティ・プラス・ネットワーク」の街づくりを進めるものである．また，民間施設の整備に対する支援や立地を緩やかに誘導する仕組みにより，インフラ整備や土地利用規制など従来の制度と立地適正化計画との融合による新しい街づくりも可能となる．さらに，立地適正化計画は，計画の達成状況に合わせて都市計画や居住誘導区域を不断に見直すなど，時間軸をもったアクションプランとして運用することで，効果的な街づくりを行うことが可能である．

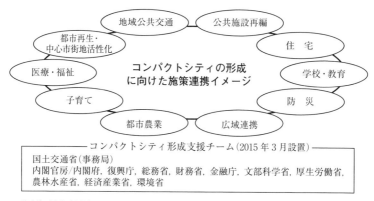

資料）国土交通省ホームページより，みずほ総合研究所作成

図2　コンパクトシティ形成支援チーム

計画の策定による緩やかな誘導

　立地適正化計画の策定では区域を記載する他，実現するべき将来の都市像や定量的な目標を含めた基本方針に加え，都市機能誘導区域，居住誘導区域の設定を記載する必要がある．都市機能誘導区域とは，医療・福祉・商業等の都市機能を効率的な提供のために誘導，集約していく区域である．一方，居住誘導区域は，人口減少の中にあっても一定のエリアにおいて人口密度を維持することにより，生活サービスやコミュニティが持続的に確保されるよう，居住を誘導すべき区域である．

　立地適正化計画で定めたこれらの区域では，さまざまな特例措置・税制措置を受けることができる．一方，これらの区域外のエリアにおいては，一定規模以上の開発においては届け出が義務づけられるなど若干の制約がかけられることから，区域内での開発を緩やかに誘導していける制度となっている．

　国土交通省「立地適正化計画の作成状況」(2018年3月31日時点)によれば，407都市が立地適正化計画について具体的な取り組みを行っており，このうち161都市が2018年5月1日までに計画を作成・公表している．なお，161都市のうち123都市は，都市機能誘導区域，居住誘導区域ともに設定しており，残りの38都市は，都市機能誘導区域のみを設定している．

表1　コンパクトシティのモデル都市と重点テーマ

市町村名	重点テーマ
青森県弘前市	雪対策／地域公共交通／都市再生・中心市街地活性化／PRE活用・PFI
山形県鶴岡市	住宅(空き地・空き家対策)／産業振興(ベンチャー)
新潟県見附市	地域公共交通／医療・福祉
石川県金沢市	地域公共交通／都市再生・中心市街地活性化
岐阜県岐阜市	地域公共交通／医療・福祉
大阪府大東市	子育て／公共施設再編／住宅
和歌山県和歌山市	都市再生・中心市街地活性化／学校・教育
山口県周南市	都市再生・中心市街地活性化
福岡県飯塚市	都市再生・中心市街地活性化／医療・福祉
熊本県熊本市	地域公共交通／都市再生・中心市街地活性化

資料）第8回コンパクトシティ形成支援チーム会議資料(2017年5月19日)より，みずほ総合研究所作成

省庁横断的な支援

　コンパクトシティを推進していくには，医療・福祉，地域公共交通，公共施設再編，中心市街地活性化などの街づくりと密接に関係するさまざまな施策と連携し，整合性や相乗効果等を考慮しつつ，総合的な取り組みとして進めていくことが重要である．そのため，関係府省庁で構成されたコンパクトシティ形成支援チーム(図2)が設置され，市町村の取り組みを省庁横断的に支援している．支援チームは，モデル都市の形成・横展開や成果の「見える化」などに取り組んでおり，10のモデル都市を選定した(表1)．モデル都市の形成・横展開では，他の市町村のモデルとなる都市の計画作成を関係府省が連携して重点的に支援しており，人口規模や街づくりの重点テーマ別に類型化して横展開し，具体的な効果・事例を目に見える形で例示することなどに取り組んでいる．これらが現在立地適正化計画に取り組んでいる約400の都市，また今後取り組みを開始する都市にとっての参考事例となることが期待される．

　コンパクトシティが推進される中，都市内部では都市のスポンジ化(1-④参照)といった現象も発生しつつある．持続的な都市の成長の実現を図るため，早急に街づくりの方向性を示し，さまざまな関係主体と連携して，コンパクトシティの形成を目指していくことが求められる．

④　立地適正化計画

⑤

シェアリングエコノミー

〈POINT〉

- シェアリングエコノミーは，個人間の取引で有形・無形の資産をシェアする経済活動である．自宅を宿として貸し出すホームシェアや自家用車で客を運ぶライドシェアが主なシェアサービスである．
- 日本ではシェアサービスに対する不安感が根強く残っているが，小規模・不定期という特徴から，シェアサービスは地方圏と相性がよいと考えられる．
- 大都市圏が住民の不安感からシェアサービス拡大に躊躇している今は地方圏にとってチャンスである．地方圏は訪日外国人誘致や社会的課題の解決にシェアリングエコノミーを積極的に活用すべきであろう．

スマートフォンの普及で拡大するシェアリングエコノミー

　シェアリングエコノミーとは，一般的には個人や組織が所有する資産等について，貸し出し等により他人との間で共有（シェア）し，その対価を受け取る経済活動であり，シェアリングエコノミーで展開されるビジネスはシェアサービスと呼ばれる．自宅を宿泊者に貸すホームシェアは，その代表例である．また，シェアする資産の中には，労働のような無形資産も含まれる．自分の車を使って自分が運転して他人を運び，運賃を受け取るライドシェアのように，車と労働という有形・無形資産の両方をシェアするケースもある．

　シェアサービスと似たようなものとして，すでに各種のレンタルビジネスがある．これまでのレンタルビジネスと比べたシェアサービスの大きな特徴は，CtoC（Consumer to Consumer），つまりサービスの提供も利用も個人がメインとなること，および，CtoC ゆえに小単位，不定期なサービスが行われることであろう．このため，シェアサービスでは供給と需要を簡便にマッチングさせる

114　　5　ヒトが集い憩う場の再形成

表1 米国におけるシェアサービスの事例

名　称	時　期	概　要
Airbnb	2008 年 8 月開始	保有する住宅や物件を宿泊施設として登録し，貸し出しできるプラットフォームを提供するウェブサービス．約 190 カ国の 34,000 超の都市で 100 万超の宿が登録されている．
Uber	2010 年 6 月開始	スマートフォンや GPS などの ICT を活用し，移動ニーズのある利用者とドライバーをマッチングさせるサービス．高級ハイヤーを配車する Uber，低価格タクシーを配車する uberX，既存のタクシーを配車する uberTAXI 等のサービスを提供．
DogVacay	2012 年開始	ペットホテルの代替となるペットシッターの登録・利用が可能なプラットフォームを提供するウェブサービス．
TaskRabbit	2011 年 7 月開始	家事や日曜大工等の作業をアウトソーシングするためのウェブサービス．

資料）総務省「社会課題解決のための新たな ICT サービス・技術への人々の意識に関する調査研究」(2015 年)より，みずほ総合研究所作成

ツールが必要となり，スマートフォン(以下，スマホ)が欠かせないツールとなっている．このような背景から，スマホの普及に伴って，シェアリングエコノミーは急拡大しているといえる．

日本ではシェアサービスへの不安が残っているが

米国をはじめ海外では，スマホの普及に伴いさまざまなシェアサービスが生まれている(表1)．また，総務省「情報通信白書(平成 28 年版)」によると，世界のシェアリングエコノミーの規模は，2013 年の 150 億ドルから 2025 年の 3,350 億ドルに急拡大するとされる．さらに，世界のユニコーン企業(企業価値が推定 10 億ドル以上の非上場ベンチャー)上位 10 社のうち，4 社がシェアリングエコノミー関連会社となっている．

一方，日本ではいまだにシェアサービスに対する不安が残っている．シェアサービスの代表的なホームシェアとライドシェアの利用意向に関する国際比較をみると，日本の利用意向は低い(図1)．その理由として事故やトラブルへの対応への不安があり，日本は韓国と並んで大きい(図2)．

しかし，日本でもシェアサービスへのこのような不安は徐々に解消しつつあると思われる．CtoC といえども，仲介サービスを行っている企業はマッチング機能に関するプラットフォームを提供しており，事故やトラブルに対応して

⑤ シェアリングエコノミー　　115

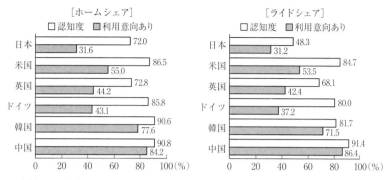

資料）総務省「IoT時代における新たなICTへの各国ユーザーの意識の分析等に関する調査研究」(2016年)より，みずほ総合研究所作成

図1　シェアサービスの認知度と利用意向

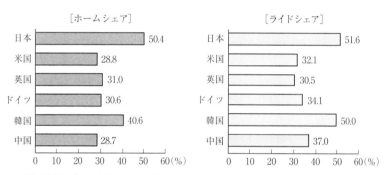

資料）総務省「IoT時代における新たなICTへの各国ユーザーの意識の分析等に関する調査研究」(2016年)より，みずほ総合研究所作成

図2　シェアサービスにおける事故やトラブルを不安に思う人の割合

いる．さらに，シェアサービスでは利用者も提供者もお互いに評価されるので，悪い評価を得た個人はその後の利用や提供が難しくなる．このような仕組みが知られると，シェアサービス利用への警戒感も薄らいでいくとみられる．例えば，フリーマーケットのような取引をスマホで行うことができるフリマアプリを利用して一時的に使いたいモノを購入し，少し使ってすぐに売却するような方法は，事実上不特定多数で資産をシェアしているといえ，日本でも利用者が急拡大中である．シェアサービスの大きな特徴であるCtoCに関する不安は徐々に解消され，日本でもシェアサービスは拡大していく可能性があろう．

訪日外国人向けシェアサービスでは地方圏にチャンスあり

近年，シェアリングエコノミーは地方圏で大きな注目を浴びるようになっている．小単位，不定期というシェアサービスの特徴は地方圏の小規模マーケットのニーズに適合しており，企業による従来型のビジネスが展開しにくい地域でも，シェアサービスであれば対応可能とみられているからだ．地域社会の課題解決にも，シェアリングエコノミーが役立ち，それによって地域経済の活性化につながることが期待されている．

ここでは，事例としてシェアサービスの代表であるホームシェアの民泊を挙げておきたい．民泊は，2018年6月から民泊新法の下に正式に全国で展開された．大都市圏では近隣住民の不安などから条例で上乗せ規制をする自治体もあるものの，訪日外国人にとってホームシェアは慣れ親しんだ宿泊方法であり，その誘致において民泊拡大は大きなアドバンテージとなる．民泊では，大都市圏が消極的である今が地方圏にとってのチャンスといえよう．

また，ライドシェアについても，地方圏は利用が進みやすい素地がある．大都市圏ではタクシーがすでに普及しており，タクシー事業者の反対もあってライドシェアが正式に展開されるようになるには時間がかかりそうだ．一方，タクシーがそれほど普及していない地方圏では，ライドシェアに対するタクシー事業者の反発は少ないとみられる．その上，高齢化が進む地方圏では自動車が運転できない高齢者が増加し，移動手段の不足が問題化し始めている．その対策として今，ライドシェアが注目されている．例えば，京都府の京丹後市では，企業によるタクシーサービスの確保が難しいため，ライドシェアに期待をかけ，実証実験を行っている．そして，訪日外国人はライドシェアに慣れ親しんでいる人も多く，訪日外国人誘致という点でもライドシェアが大きなアピールになろう．

近年，2社以上のシェアサービス事業者と組んでいる自治体はシェアサービスの事業者団体からシェアリングシティと認定されるようになり，地方圏を中心にすでに15自治体が認定された(2018年5月現在)．地方が先導する形で，日本でもシェアリングエコノミーが拡大していきそうだ．

⑤ シェアリングエコノミー　117

⑥

大都市の再開発

〈POINT〉

- 大都市の再開発が相次いでいる．その背景には，2020年の東京オリンピック・パラリンピック，2027年の東京〜名古屋のリニア開通など，大きな節目になる出来事への対応という側面がある．
- 大都市の都心といえば，従来は商業施設，オフィスビルが立ち並ぶイメージであったが，1990年代後半以降の都心回帰で，住宅機能の充実が進んでいる．
- 21世紀に入り，成長エンジンとしての大都市の役割が増している．世界的な都市間競争を勝ち抜くためには，大都市の再開発を通じて，巨大な人口集積を生かした第3次産業の生産性向上が不可欠だ．

21世紀になって大都市で再開発が相次ぐ

　日本を代表する大都市圏といえば東京圏，大阪圏，名古屋圏の三大都市圏であるが，これらでは21世紀に入って大規模再開発が相次いでいる．特に注目されるのは，それぞれの都心における再開発である．例えば，東京圏では丸の内・大手町・汐留・品川などで再開発が相次いだ．今後も再開発が目白押しで，山手線では実に49年ぶりとなる新駅が2020年までに品川〜田町間に設けられる．さらに大手町と虎ノ門には日本1，2位の高さの超高層ビルが登場する予定である．

　名古屋圏では名古屋駅前が一変した．名古屋圏は日本を代表する巨大企業の本社が郊外に立地していることなどを背景に，どちらかといえば都心よりも郊外の発展が目立っていたが，21世紀になって駅前の再開発が一気に進み，巨大ビルが林立している．また，名鉄名古屋駅周辺では南北400メートルに及ぶ，日本で前例のないほど広範囲な再開発が予定されている．

118　　5 ヒトが集い憩う場の再形成

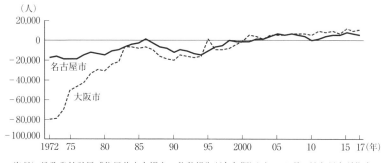

資料）総務省統計局「住民基本台帳人口移動報告」(各年版)より，みずほ総合研究所作成

図1　大阪市と名古屋市における日本人の転入超過数

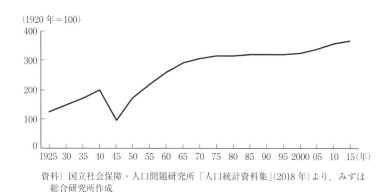

資料）国立社会保障・人口問題研究所「人口統計資料集」(2018年)より，みずほ総合研究所作成

図2　東京都の人口

　大阪圏では大阪駅・梅田駅周辺(以下，キタ)でデパートや駅ビルが一新され，さらに天王寺駅前には日本一の高さ(2018年3月現在)を誇る「あべのハルカス」が建設された．キタでの再開発は今後も進められ，それに対応するように，キタと関西空港を直通で結ぶ路線をつなげる「なにわ筋線」や，キタと伊丹空港を直結する「伊丹空港連絡線」など，交通網の整備が予定されている．

都心回帰こそ21世紀の大都市を変えつつある

　近年の再開発は2020年の東京オリンピック・パラリンピック，リニア中央新幹線の品川～名古屋の開通(2027年)と名古屋～大阪の開通(2040年頃まで)といった大イベントや，巨大プロジェクトへの対応という側面もあろう．

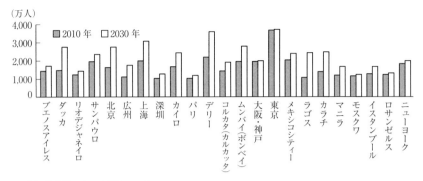

注) 都市域の人口を示している．
資料) 国立社会保障・人口問題研究所「人口統計資料集」(2017年)より，みずほ総合研究所作成

図3　世界のメガシティの人口

　しかし，それ以上に重要なのは，大都市圏における社会環境の変化である．大都市圏では1990年代後半以降，バブル崩壊と少子高齢化による就業者数の減少から，都心へのオフィス街の集約とオフィス街周辺での住宅開発が進み，職住近接の街づくりが盛んになっている．例えば，転出超過の大阪圏と名古屋圏でも，中心にある大阪市と名古屋市では近年転入超過となっている(図1)．

　また，東京都の人口は一極集中論議の影響でこれまで一貫して増加基調が続いてきたように思われているが，実は1970年代から90年代前半までは人口はほぼ一定であり，人口増加が顕著になったのは90年代後半に入ってからである(図2)．それまでは東京の都心で働く人が増えても，その住宅は神奈川県，千葉県，埼玉県などの郊外に持つことが多かったからだ．90年代後半からの都心回帰が，東京都の人口増加基調を再びもたらしたといえよう．

　21世紀になり，世界的な大都市間競争が本格化している．日本の人口は減少傾向にあるが，都市圏の人口規模でみれば日本の大都市圏は今後も，世界の上位に位置するのは間違いない(図3)．その上，リニア中央新幹線の開通で三大都市圏が一体化し，世界史上例をみない規模のスーパー・メガリージョン(mega region)が成立するであろう．大都市は巨大な人口集積を生かした第3次産業振興のポテンシャルが大きく，その顕在化に結びつく再開発が求められている．

120　　5　ヒトが集い憩う場の再形成

6 各地の個性を
生かす手立て

地域資源の活用に関わるキーワード

① 地域商社
② 世界遺産・日本遺産
③ ご当地キャラ
④ クルーズトレイン
⑤ 聖地巡礼
⑥ ガーデン・ツーリズム

地域商社

〈POINT〉

- 地方では公共事業や工場誘致といった外からの経済活性化策が限界にきている．今後必要なのは，地域資源を活用した産業を自ら起こし，商品やサービスを域外に販売して儲ける「地産外商」である．
- 「地産外商」で重要なのは，これまでの地域のしがらみや横並びを打破することである．そのためには，隣接エリアとの連携や，全国に基盤を持つ企業とのつながりが欠かせない．
- 「地域商社」の設立と運営では，これまで成功体験のない自治体が主導するのではなく，すでに地域活性化ビジネスで成功している企業の事例に学ぶ必要がある．

「地産外商」で儲ける！

　人口減少に悩む地方圏では，域内人口に依存していては経済が成り立たなくなる．この苦境に対し，国は工場誘致の促進や公共事業の実施など，いわば「外からの地域経済活性化」を主に行ってきた．この「外からの地域経済活性化」はこれまでそれなりに効果があったとみられるが，近年は厳しい状況にある．製造業を中心に企業は工場や事業所の立地をグローバルな視点から捉えるようになっており，国内に立地する拠点は国内市場向けのものが中心になっている．その際の立地は，輸送コストなどを判断材料として，国内の大きな市場である三大都市圏とその周辺が選択される傾向にある（図1）．また，公共事業は一時的には経済活性化に寄与するものの，人口が減少している地域では社会資本の利用者が少なくなるため，予算の費用対効果や国・地方における財政難などを踏まえると，公共事業に頼った地域振興は今後難しくなろう．

　そのため，地方創生では地域資源を活用した産業の振興が不可欠とされてお

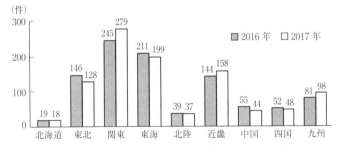

注）東北に新潟県が，関東に山梨県，長野県が，東海に静岡県がそれぞれ含まれる．
資料）経済産業省「平成29年（1月～12月）工場立地動向調査（速報）について」（2018年）より，みずほ総合研究所作成

図1　地域別の工場立地件数

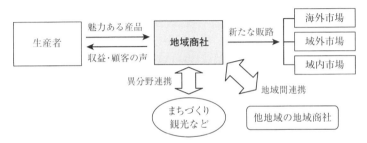

資料）まち・ひと・しごと創生本部「プロフェッショナル人材事業等について：モデル的な事業に関する参考資料」（地方創生に関する都道府県・指定都市担当課長説明会，2017年）より，みずほ総合研究所作成

図2　地域商社の活動の概要

り，具体的には第3次産業では観光業が，第1次産業と第2次産業では特産品や，それを使った商品の域外への販売が，それぞれ重視されている．地方圏では域外相手のビジネスを苦手とするところが少なくないが，ビジネスマインドに富んだ司令塔役を設け，観光業や商品の域外への販売，つまり「地産外商」を推し進めることが理想的である．国は，域内の観光業振興を主に担う日本版DMO（2–⑥参照）と，地域資源を使った商品について域内だけでなく域外への売り込みを図る「地域商社」（図2）に大きな期待をかけており，2020年までにそれぞれ100社の設立を目標にしている（図3）．

　その地域商社は，農林水産物や工芸品など地域の特産品やサービスを域内外

資料）日本政策投資銀行等「域内商社機能強化による産業活性化調査」(2017年）より，みずほ総合研究所作成

図3　地域商社の事例

に売るために，生産者に代わって販路を開拓し，地域に多くの収益をもたらす組織である．そうした地域商社が効果的に事業を展開するためには，地域にあるこれまでのさまざまな「しがらみ」や「横並び意識」などに左右されない活動が必要とされる．このため，地域商社は地域ごとに行動するよりも，隣接する複数の地域の特産品をまとめて取り扱うとか，地域商社同士が協力し，互いに優位に立つビジネス分野を相互補完するといった取り組みを行うことが有効である．特に後者では，単なる地域商社間の連携だけでなく，全国的な企業が設立する特徴的なビジネスモデルを持つ地域商社をハブとして，各地の地域商社がノウハウを共有するようなパターンも望まれている．

具体例にみる地域の魅力の商品化

　地域商社の活動について，具体的に兵庫県豊岡市の事例をみてみよう．豊岡市と全但バス(兵庫県北部エリアを地盤とするバス会社)と WILLER ALLIANCE (全国を地盤とする高速バス会社)は，「豊岡版DMO」を設立した．これに対応するために，WILLER ALLIANCE は地域商社として新会社「WILLER CORPORATION」を創設した．

　豊岡版DMOは周辺地域を周遊する着地型観光の開発などで訪日外国人の豊岡への来訪者増加を目指しているが，そのためには豊岡市の関係者だけのノウ

ハウでは物足りない. そのため, 豊岡版 DMO には全但バス, WILLER ALLI-ANCE, 他にも旅行会社などから人材を派遣してもらっている. 一方, 全但バスは周辺地域の周遊のためのアクセスを担い, また WILLER ALLIANCE は大都市圏から豊岡市周辺までのアクセスを担う.

ここで重要なのは, 豊岡版 DMO が豊岡市だけでなく周辺エリアを巻き込もうとしていることに加え, WILLER ALLIANCE が立ち上げた地域商社が豊岡版 DMO で培うノウハウを, 全国で生かすということである.

すでに成功している地域活性化ビジネスを参考に

もう一つの事例を紹介しよう. 宇都宮市にある「ファーマーズ・フォレスト」は地域商社の先駆けともいわれる企業で, 同社が運営する「道の駅うつのみや ろまんちっく村」(宇都宮市)には, 農産物の直売所に加えて体験型農園や温泉, 宿泊施設もあり, 年間 100 万人を超える来場者を誇る. さらに同社は, 東京スカイツリーにアンテナショップを設けたり, 周辺エリアの観光資源を生かした着地型観光に参入するなど, 事業の幅広い展開にも余念がない.

このように, 地域資源の商品化とその販路確保においては, 自治体よりも企業のノウハウが非常に大切であり, 地域資源の商品化と販路確保を一体化したビジネスモデルも登場している. 例えば, 奈良県に本社のある中川政七商店は「工芸品のユニクロ」といわれ, 全国の有力商業施設に多数の直営店を構える一方, 消費者のニーズを直接把握し, ニーズに即した工芸品の開発を工芸産地にアドバイスしている. このように, 中川政七商店は工芸品における製販一体を推し進めて工芸産地と大消費地を結びつけ, 工芸品の販路確保と工芸産地の活性化を実現している. 地域商社が中川政七商店のような地域活性化ビジネスの成功企業に成長すれば, 地産外商は成功するであろう.

一方で懸念されるのは, 地域商社が地域内のしがらみや横並びを打破できないことであり, 地域商社が当該地域の関係者だけで設立されるようなケースが想定される. 地産外商で大事なのは, 地域に客観的な視点をもたらす組織であり, そのためには, できるだけ域外から多彩な人材を確保することが重要となろう.

②

世界遺産・日本遺産

〈POINT〉

- 2017年時点で日本でユネスコの「世界遺産」に登録されている史跡などは計21件に上る．国際的な知名度向上につながる価値ある地域資源であり，内外からの集客などの効果が期待されている．
- 文化庁が近年行っている事業に「日本遺産」があり，2015年からの4年間で計67件が認定された．歴史などのストーリーを重視した枠組みで，スポット周遊やコト消費に結びつけやすいのが特徴である．
- 世界遺産や日本遺産をはじめ各地の「地域の宝」を大切に保存しつつ，地域経済の発展にも役立てていくことが望まれる．遺産登録時の一過性のものに終わらせないための取り組みも重要だ．

国内で21件が登録されているユネスコの世界遺産

「世界遺産」(World Heritage)は，過去から受け継ぎ未来へと伝えていかなければならない人類共通の価値ある「宝」として，ユネスコ(国際連合教育科学文化機関)が「世界遺産条約」に基づいて登録するものである．遺跡，記念物，建造物群，文化的景観などから成る「文化遺産」，天然の景観，地形，生態系などから構成される「自然遺産」，この両者の特性を兼ね備えた「複合遺産」の3種類があり，1978年に始まった事業活動により，これまでに世界で1,000件を超える遺産が登録されている．

日本では，1993年に法隆寺地域の仏教建造物(奈良県)，姫路城(兵庫県)，屋久島(鹿児島県)，白神山地(青森県・秋田県)の4件が初めて世界遺産に登録された．その後，古都京都の文化財(京都府・滋賀県)，原爆ドーム(広島県)，日光の社寺(栃木県)，琉球王国のグスク及び関連遺産群(沖縄県)，知床(北海道)，富士山(山梨県・静岡県)などが続いた(表1)．近年では，2016年に東京都上野の国立

126 ｜ 6 各地の個性を生かす手立て

表1 日本の主な世界遺産

登録遺産名	所在都道府県	登録年
姫路城	兵庫県	1993
屋久島	鹿児島県	1993
古都京都の文化財	京都府・滋賀県	1994
原爆ドーム	広島県	1996
古都奈良の文化財	奈良県	1998
日光の社寺	栃木県	1999
琉球王国のグスク及び関連遺産群	沖縄県	2000
紀伊山地の霊場と参詣道	和歌山県など	2004
知床	北海道	2005
富士山—信仰の対象と芸術の源泉	山梨県・静岡県	2013

注) 屋久島と知床は自然遺産.それ以外は文化遺産.
資料) 日本ユネスコ協会連盟,文化庁,環境省資料より.みず
　　ほ総合研究所作成

西洋美術館が「ル・コルビュジエの建築作品」として選ばれたが(ル・コルビュジエはスイス出身の著名なフランス人建築家),これは日本が他の国と物件を共有する初めてのケースとなった(7カ国計17件にわたるもの).そして,2017年には宗像・沖ノ島と関連遺産群(福岡県)が登録され,わが国における世界遺産は,計21件に上っている(世界の国別では第12位にランクされる,2017年時点).

　世界遺産に登録されることは「世界の宝」として公認される効果を持つため,国内的にも国際的にも地域資源としてのブランド価値と認知度を押し上げることになり,内外からの観光客の拡大などが期待できる.もちろん世界遺産を特別視しすぎることには弊害もあるかもしれないが,各地で世界遺産への登録を目指す動きが活発なのは,こうした観光振興効果が待望されるためであろう.

伝統芸能や農業などに関わる遺産も

　ユネスコでは,注目度の高い世界遺産(文化遺産,自然遺産,複合遺産)の他にも,無形遺産や記憶遺産,ジオパークの認定を行っている.

　「無形文化遺産」は,各国の歴史や文化,民俗などを象徴する伝統行事や芸能,工芸技術などについて,その代表的なものを保護・活用する取り組みであり,2001年からリスト化が行われている.日本には歌舞伎,能楽,雅楽,和紙や,北海道のアイヌ古式舞踊,沖縄県の組踊など計21件があり(このうちの

② 世界遺産・日本遺産 127

一つである山・鉾・屋台行事は全国の 33 行事で構成），2013 年に和食が指定された
ときには話題となった．

「世界の記憶」(記憶遺産)は，世界的な価値を有する文書，文献，図画，映像
などの保存に資するよう 1992 年に設けられたもので，国内では平安時代の権
力者藤原道長が著した日記である「御堂関白記」や，初代仙台藩主の伊達政宗
が 17 世紀初頭ヨーロッパに派遣した使節の関係資料など，合わせて 7 件が登
録されている．

また，2015 年から正式にユネスコの事業に加わったものに「世界ジオパー
ク」がある．これは，地形，岩石，火山といった地質学的に特異なスポットを
対象とするもので，現在世界で 130 件ほどが選定されている．有数の火山国で
あり複雑な地形の多いわが国は，大規模な断層線と貴重な鉱石ヒスイで知られ
る新潟県の糸魚川のほか，山陰海岸(鳥取県ほか)，阿蘇(熊本県)など 9 つの世界
ジオパークを擁する．

さらに，ユネスコと同様の国際機関である国際連合食糧農業機関(FAO)が担
っている事業に，「世界農業遺産」がある．各国における伝統的農業とそれに
関連する文化や景観などを認定する制度で，2002 年に始められた．これまで
に 50 地域が選ばれているが，日本は 11 地域と国別で 2 番目に多い．鵜飼いで
有名な長良川や，梅の生産が盛んな和歌山県のみなべ・田辺がその代表例だ．

ストーリーを重視した日本遺産

ユネスコの「世界遺産」と似たような名称の取り組みに，「日本遺産」(Japan
Heritage)がある．これは，文化庁が 2015 年にスタートさせたもので，地域の
文化資源につき自治体が申請を行い，有識者による審査を経て認定する．これ
まで年ごとに 4 回の認定作業が行われ，計 67 件が日本遺産となった．

その主なものとしては，「近世日本の教育遺産群」(栃木県や岡山県など 4 県)，
「四国遍路」(四国の 4 県)，「飛騨匠の技・こころ」(岐阜県)，「日本磁器のふるさ
と　肥前」(佐賀県と長崎県)，「忍びの里　伊賀・甲賀」(三重県と滋賀県)などがあ
る．この日本遺産も，世界遺産と同様に指定を受けることでブランド価値が高
まるとともに知名度が向上し，観光への効果が期待される．また，地域住民に
とっても地元への認識を新たにする機会となろう．もう一つ特徴的なことは，

128　　6　各地の個性を生かす手立て

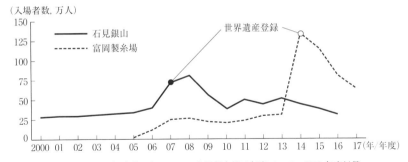

注)石見銀山の入場者数は年ベース,富岡製糸場は年度ベース,2005年度以降.
資料)島根県「島根県観光動態調査」,富岡市観光ホームページより,みずほ総合研究所作成

図1　石見銀山と富岡製糸場の集客状況

歴史や文化を物語るストーリーを重視している点で,それぞれのテーマやタイトルに沿って複数の史跡などのスポットが括られている(最も広域の例として,北前船を主題とする15道府県の38市町にわたるものがある).このことは複数の遺産を巡る周遊的側面とともに,近年広がりをみせる「コト消費」(7-②参照)にも結びつきやすいといえ,今後の来客増に期待がかかる.

登録後の集客力の維持が課題に

　以上のように,世界遺産や日本遺産は地域の価値あるスポットを役立てるという点で,地域資源の有効活用を体現するものといえる.「地域の宝」を大切に保存しつつ,地域経済の発展にもうまくつなげていくことが望まれよう.

　一方で,これまでに世界遺産に登録された事例をみると,集客効果を持続させることの難しさもうかがえる.図1は,わが国を代表する産業遺産で,その歴史的価値が認められて世界遺産となった石見銀山(島根県)と富岡製糸場(群馬県)の入場者数の推移をみたものである.両例とも世界遺産に登録された時期に入場者数が大幅に増加しているが,その後は水準を落としている.一時的なブームによる増減はやむを得ないとしても,登録から時を経る中で集客減をいかに抑えられるかが課題となる.受け入れ態勢の拡充や追加的な価値創造などによる持続的な地域振興活動が大切ということになろう.

③

ご当地キャラ

〈POINT〉

- ご当地キャラでは彦根市の「ひこにゃん」などかわいさを武器とするものが多数登場し、大人気となっている。特に「くまモン」人気はすさまじく、巨大な経済効果にも注目が集まっている。
- しかし、ご当地キャラは増えすぎて乱立状態となり、公的機関が手がけるご当地キャラの中には、整理されてしまうものも出てきた。ブームで目的意識が薄弱なまま安易に作るのは危険であろう。
- 乱立気味のご当地キャラは差別化を進める時代に突入している。「ふなっしー」、「メロン熊」のようにかわいさ以外を武器にした「ゆるくない」キャラが今後増えていくであろう。

彦根市の「ひこにゃん」から始まったご当地キャラブーム

「ご当地キャラ」は、各地の地域資源をモチーフにしたマスコットキャラクターである。近年は、ご当地キャラ以上に「ゆるキャラ」という名称も広く使われている。ゆるキャラの名付け親とされ、商標を所有するみうらじゅん氏は、①郷土愛に溢れた強いメッセージ性があること、②立ち居振る舞いが不安定かつユニークであること、③愛すべきゆるさを持ち合わせていること、という3つの条件を満たすものをゆるキャラとしている。なお、ゆるキャラは2004年に商標登録されていることもあり、ここでは基本的に「ご当地キャラ」と記す。

日本でのマスコットキャラクターの歴史は長いが、ご当地キャラが大きなブームになるきっかけの一つは、彦根市の「ひこにゃん」といえる。築城400年となる彦根城の「国宝・彦根城築城400年祭」のキャラクターとして2007年に誕生し、爆発的な人気を得た。著作権使用料を免除することで多数の関連グッズを登場させるスキームで成功した点や、キャラクターのグッズ展開に関し

130 　6 各地の個性を生かす手立て

表1　ゆるキャラグランプリ優勝のマスコット

第1回	2010年	タボくん(滋賀県)，ひこにゃん(滋賀県)
第2回	2011年	くまモン(熊本県)
第3回	2012年	バリィさん(愛媛県)
第4回	2013年	さのまる(栃木県)
第5回	2014年	ぐんまちゃん(群馬県)
第6回	2015年	出世大名家康くん(静岡県)
第7回	2016年	しんじょう君(高知県)
第8回	2017年	うなりくん(千葉県)

注）2010年のみ携帯電話特設サイト投票と記名投票に分かれていた.
資料）ゆるキャラグランプリオフィシャルサイトより，みずほ総合研究所作成

てデザイナーと裁判になったことなどから，ご当地キャラの「トリセツ」を広く知らしめる効果もあったといえる.

　そして，2008年にはゆるキャラという言葉が流行語大賞にノミネートされ，同年の「第1回ゆるキャラ日本一決定戦」など全国各地のご当地キャラが一堂に集まるイベントも登場し，全国各地のご当地キャラの存在が知られるようになっていった.

「くまモン」の人気爆発でご当地キャラが全国で増加

　ご当地キャラ人気に拍車をかけたのが，2010年登場の熊本県の「くまモン」であろう．2010年には「ゆるキャラグランプリ」がスタートし，記名投票で選ばれた初代グランプリはひこにゃんであったが，インターネット投票のみとなった2011年は，くまモンが優勝している(表1).

　くまモンで注目されるのは，大きな経済効果である．熊本県の許可を得れば著作権料が無料なので，多くのグッズが開発された．日本銀行熊本支店によると，2011年から2年間の経済効果は1,000億円を超える.

　このようなご当地キャラの高い認知度や大きな経済効果への期待から，全国各地でご当地キャラが多数作られることになった．その結果，ゆるキャラグランプリに登録されるご当地キャラは2015年にかけて一気に増加していった(図1).

③　ご当地キャラ　　131

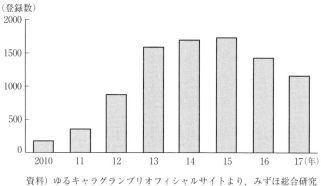

資料）ゆるキャラグランプリオフィシャルサイトより，みずほ総合研究所作成

図1　ゆるキャラグランプリ登録数

ご当地キャラや企業・団体マスコットキャラクターの乱立

　このようなブームは自治体以外にも広がっていき，企業や団体が作るキャラクターも増えていった．その結果，ご当地キャラを含むさまざまなマスコットキャラクターの乱立ともいえる状態になった．しかし，知名度のあるマスコットキャラクターはわずかにとどまるのが実情である．

　このため，ご当地キャラや企業・団体のマスコットキャラクターの淘汰がすでに始まっている．例えば，独立行政法人のマスコットキャラクターを調査した財務省は，ほとんどで導入経緯が曖昧であることや，平均59万円をかけて着ぐるみを作成しながら年平均19日という少ない稼働日数にとどまっていることなどを問題視し，予算の有効な使われ方の観点から，廃止も含めて抜本的に見直すよう2014年に提言した．また，大阪府は同府の45体に上るマスコットキャラクターのほとんどは知名度が低く，有効活用されていないと判断し，2014年に1体を除いて残りすべてを整理することにした．このような動きもあって，ゆるキャラグランプリの登録数は2016年に初めて減少した．

「ゆるくない」キャラの登場

　ご当地キャラが乱立する中で，差別化のために，これまでにない特徴をもつ「ゆるくない」キャラが作られるようになった．

その代表例は，2011 年誕生の「ふなっしー」であろう．ふなっしーは，船橋市のご当地キャラでありながら民間が作成したというのも異例であるが，ソーシャルメディアなどで自由奔放に毒舌を吐いたり，イベントで実際に声を出してしゃべったり，着ぐるみとは思えない俊敏なアクションを披露したりと，これまでに見られない特徴を持つ異色のご当地キャラとして注目を集めた．2012 年のゆるキャラグランプリでは 506 位にとどまったが，2013 年のテレビ CM 登場を契機にブレークし，同年に創設された「ご当地キャラ総選挙」では優勝するまでになった．ふなっしーは，表情や姿はそれなりにかわいいものの，毒舌キャラを売りにしている点などから，ゆるくないキャラの元祖といえよう．

　ふなっしーが優勝した 2013 年のご当地キャラ総選挙には，他にもゆるくないキャラとして目立ったものがあった．2009 年に誕生した「メロン熊」という北海道夕張市の北海道物産センター夕張店のマスコットキャラクターである．ご存知ない読者は，是非オフィシャルブログ「恐怖のメロン熊」を見てもらいたい(https://ameblo.jp/melon-kuma/)．ブログ名どおり，かなり怖いキャラになっている．このメロン熊は，くまモンが優勝した 2011 年のゆるキャラグランプリで 146 位に終わったものの，見た目のインパクトが強烈であることから徐々に知られるようになり，2013 年のご当地キャラ総選挙では優勝こそふなっしーに譲ったものの，北海道のご当地キャラの中では堂々 1 位に輝いた．

　また，ゆるキャラグランプリの名称に反して，エントリーされるものの中にゆるくないキャラも増えてきている．例えば，2016 年にエントリーした兵庫県神崎郡福崎町のご当地キャラ「ガジロウ」はその一つで，これを見ると怖さや不気味さを感じる方が多いのではないだろうか(兵庫県福崎町 http://www.town.fukusaki.hyogo.jp/0000002183.html)．

　このように，ご当地キャラは乱立・淘汰を経て，差別化の段階に突入している．かつては秋田県で爆発的人気を博した「超神ネイガー」のように，ローカルヒーローが人気となった時期もあった．今後は，ゆるくないキャラも含め，多様なタイプのご当地キャラが選ばれていくようになるのではないだろうか．

④

クルーズトレイン

〈POINT〉

- クルーズトレインは列車に乗ることそのものを楽しむ旅を提供する. 近年登場したものは車両の内外装に各地の工芸を凝らし, 特産品を使った料理など五感すべてで楽しむアトラクションが特徴といえる.
- 先駆者である JR 九州はカリスマデザイナーや著名シェフなどと組んでさまざまな列車の旅を提案し, 多くが人気を集めている. 地域活性化効果も期待できるので, 日本各地の鉄道会社が続々と参入している.
- 今後活発化しそうなのはプチ豪華な鉄道の旅である. JR 九州の「或る列車」のような, 短距離ながらも豪華な鉄道の旅は収益性が高いとされ, 同様のコンセプトの観光列車が続々誕生しそうだ.

「ななつ星 in 九州」が切り開いた豪華列車の旅

　クルーズといえば, 日本では豪華客船を使った船旅が想起されよう.「クルーズトレイン」はその列車版であり, 豪華列車を使った旅が提供される. これまでも夜行列車として人気となった上野〜札幌間の寝台特急「カシオペア」など, 豪華客車が話題になったことがある. しかし, JR 九州が 2013 年から運行開始している「ななつ星 in 九州」(以下, ななつ星)はさまざまな点で従来の鉄道業界の常識を超越しており, クルーズトレインのパイオニアといえる存在である(写真 1).

　まず, 周遊型であることがななつ星の大きな特徴である. 前述のカシオペアは 2 地点間を移動する列車であり, 目的地への移動という側面も比較的大きかった. 一方, ななつ星は博多を起点に南下して九州を周遊する列車であり, 出発地と到着地が同じで, 列車で過ごす時間そのものに大きな付加価値がある.

　また, 極めて高額の料金設定であることも特徴だ. 開業当時の 3 泊 4 日のコ

134 　6 各地の個性を生かす手立て

　　　列車の概観．　　　　　　　　利用客専用のラウンジの入り口．
写真1　「ななつ星 in 九州」の様子

ース料金は最高で1人当たり50万円を超えたが，応募が殺到した．しかも，地元九州在住者の申し込みが目立った．ななつ星が富裕層の潜在的ニーズを顕在化させたといえよう．現在，料金は2倍近くに値上がりしているが，人気の衰えはまったく見られず，そのあまりの人気ぶりに鉄道業界や旅行業界が震撼した．

　そしてもう一つの特徴が，周遊する各地の魅力を満喫するプランが地域振興につながっていることである．列車の内装は豪華であるばかりでなく，周遊する各地の工芸の粋を凝らしたものとなっている．また，車内で提供される料理は，周遊する各地の特選素材を使ったものとなっている．このため，ななつ星でこれらの地域資源に注目が集まるようになり，そのことが各地の潜在的な地域資源の振興に大いに役立っている．

ななつ星を生んだ JR 九州の観光列車への取り組み

　このようにななつ星は際立った特徴を持つが，ななつ星が生まれた背景にはJR九州が長年取り組んできた数々の観光列車を挙げることができる．観光列車は，特急であっても景色を楽しむために場所によっては徐行運転するし，観光地に停車して，乗客は列車を降りてその土地を楽しんだりする．そして，列車の内外装に凝るのはもちろんだが，車内での食事も工夫が凝らされており，車内で絵画や音楽の生演奏などを楽しむことができるなど，観光列車は五感すべてで乗っている時間を味わうアトラクションのような存在になっている．つ

熊本〜三角で2011年に運行開始．概観はシックな装いながら，内部は工夫が凝らされた造りで，地域の特産品を用いたドリンクなども楽しめるようになっている．

写真2　「A列車で行こう」の様子

表1　2017年に開業した主な観光列車，クルーズトレイン

列　車　名	鉄道会社
トランスイート四季島	JR東日本
HIGH RAIL 1375	JR東日本
トワイライトエクスプレス瑞風	JR西日本
四国まんなか千年ものがたり	JR四国
かわせみ やませみ	JR九州
SL大樹	東武
ザ・ロイヤル・エクスプレス	伊豆急

資料）みずほ総合研究所作成

まり，JR九州の観光列車は「移動」以上に「素敵な時間を過ごす」ことを重視したもので，クルーズトレインはその豪華版である．

　九州における観光列車の運行が本格化したのは，JR九州では九州新幹線の開通がきっかけといえる．**写真2**の「A列車で行こう」のように，九州新幹線の主要ターミナル駅である博多駅，熊本駅，鹿児島駅を中心に内装を凝らした豪華な観光列車を走らせている．そのルートには熊本県の人吉，三角，宮崎県の南郷など，それほど知名度の高くない観光地が組み込まれており，観光列車を走らせることにより，潜在的な観光資源にスポットが当たることが期待されている．これらの取り組みが，ななつ星で集大成されたといえよう．

観光列車やクルーズトレインは大競争時代に突入

このように JR 九州の観光列車やクルーズトレインは，鉄道の枠を越えて普遍的な旅としての新たな魅力を提供しており，鉄道事業や観光業に新たなビジネスのあり方を提示してみせた．当然，他の鉄道会社が黙って見過ごすはずはなく，次々に新たな観光列車やクルーズトレインの開発，投入に踏み出している．とりわけ 2017 年は多くの列車がデビューし，観光列車，クルーズトレインの大競争時代の幕開けとなった(表1)．このような観光列車やクルーズトレインにみられる，シニアや富裕層の潜在ニーズの発掘や地域資源の活用による波及的な効果などは，日本全国で求められているものといえる．

そして，今後注目されるのはプチ豪華な鉄道の旅である．その点で，2015年に運行を開始した JR 九州の「或る列車」が注目される．現在のところ当列車は，大分県の大分駅と日田駅を結ぶ「大分コース」と，長崎県の長崎駅と佐世保駅を結ぶ「長崎コース」のどちらかで運行されている．この列車の 1 車両当たりの開発費はななつ星に匹敵するといわれるほどで，内外装は著名デザイナーによる凝った造りとなっており，著名シェフの監修によるスイーツフルコースも提供される．しかし，料金は 2 時間の走行で 2 万円程度と新幹線のグリーン車レベルで，富裕層でなくても手が届くレベルに設定されている．そのため，発売開始とともに売り切れが続出するほどの大人気だ．

このプチ豪華な鉄道の旅は，鉄道会社にとっても魅力的である．クルーズトレインは，乗客 1 人当たりの価格は極めて高額に設定されているものの，1 車両当たりの定員はわずかで，少人数の客が何日も車両を独占することになるため，実は収益性はあまり高くない．一方，「或る列車」のような形なら，1 車両当たりの定員が多く，その分収益性が高いとされる．

今後，超豪華な旅を演出するクルーズトレインは，収益面の弱みを抱えるにしても，息の長いビジネスとしての，また鉄道会社の「顔」であり，大企業のメンツをかけた「頂上決戦」の主役としての役割を担っていくことになろう．一方，プチ豪華な観光列車は収益性の高いビジネスでもあるので，観光列車の今後の「主戦場」となり，全国の鉄道会社が参入するようになりそうだ．

⑤

聖地巡礼

〈POINT〉

- アニメにゆかりのある地域を訪れる「聖地巡礼」に注目が集まっている．近年，アニメ制作会社や旅行会社などが立ち上げた振興団体から「アニメの聖地 88 カ所」が発表された．
- 映画やドラマでもゆかりの地域が多くの来訪者を集めることはあったが，上映・放送終了後はたいていブームが去ってしまった．しかし，一部のアニメでは放送終了後も観光効果が持続する聖地が出ている．
- 日本のアニメは訪日外国人にも人気で，聖地巡礼はコト消費や旅アト消費の拡大につながる有望なツールである．観光効果を持続させるためには，聖地とアニメファンとの連携が鍵となろう．

アニメにゆかりのある地域を訪れる聖地巡礼

　近年，アニメにゆかりのある地域を訪れる「聖地巡礼」に大きな注目が集まっている．2016 年には聖地巡礼という用語が流行語となり，恒例の流行語大賞の候補に選ばれた．また，アニメにゆかりのある地域への旅行を促進するため，アニメ制作会社や旅行会社などにより「一般社団法人アニメツーリズム協会」が 2016 年に設立され，同協会は 2017 年に世界中のアニメファンのウェブ投票などを参考に，アニメの聖地 88 カ所を発表した（表 1）．

　小説，映画，ドラマなどにゆかりのある地域が来訪者を集めることは以前からあったが，放映などから年がたつと世間の関心は薄れてしまい，訪問者は激減してしまう．例えば，NHK の大河ドラマや連続テレビ小説は国民的な関心の高さから多大な観光効果が期待され，全国各地で激烈な誘致合戦が繰り広げられる．しかし，ブームは熱しやすく冷めやすいため，その効果はテレビ放送時が最大で，放送終了後は急激に落ちてしまうのが常である．放送時には臨時

138　　6　各地の個性を生かす手立て

表1 主なアニメの聖地

作 品 名	自 治 体 名
ラブライブ！	東京都千代田区
ラブライブ！サンシャイン！！	静岡県沼津市
氷菓	岐阜県高山市
ガールズ＆パンツァー 最終章	茨城県大洗町
文豪ストレイドッグス	神奈川県横浜市
たまゆら	広島県竹原市
あの日見た花の名前を僕達はまだ知らない。	埼玉県秩父市
らき☆すた	埼玉県久喜市
デュラララ！！	東京都豊島区
「エヴァンゲリオン」シリーズ	神奈川県箱根町
ひなビタ♪	鳥取県倉吉市
艦隊これくしょん –艦これ–	青森県むつ市，神奈川県横須賀市，京都府舞鶴市，広島県呉市，長崎県佐世保市
君の名は。	東京都新宿区，岐阜県飛騨市
いなり，こんこん，恋いろは。	京都府京都市
凪のあすから	三重県熊野市

注) 一般社団法人アニメツーリズム協会によるアニメ聖地投票の上位30位(第3回中間発表，2016年)のアニメのうち，聖地88カ所に選ばれたもの.
資料) 一般社団法人アニメツーリズム協会「訪れてみたい日本のアニメ聖地88(2018年版)」(2017年発表)より，みずほ総合研究所作成

に設けられる観光客向け施設も終了後は多くが撤去され，近年は地元でも観光客誘致は，テレビ放送時限定と考えられているようにみえる.

これまでの「常識」に反し，放送後も人気の聖地2例

ところが，このような「常識」に反して一部のアニメの聖地では放送終了後も観光効果が持続または拡大しており，アニメツーリズム関係者の間で大きな反響を呼んでいる. このうち，「らき☆すた」と「ガールズ＆パンツァー」の二つのアニメは，聖地巡礼の観光効果で大きな成果を生んでいる.

前者の原作は2004年に連載開始の「萌える癒し系」4コマ漫画で，4人の女子高生の日常生活をメインに描くコメディであり，それを日本で一，二を争うアニメ制作会社とされる京都アニメーションがアニメ化し，2007年に放送を開始した.

また，後者は2012〜13年の放送で，戦車同士の死者は出ない模擬戦が「戦車道」と呼ばれ，華道や茶道などと同様に大和撫子の嗜みであるというかなり

⑤ 聖地巡礼 | 139

破天荒な世界観の下に，戦車道全国大会で優勝を目指す女子高生を描いたものである．

　この二つのアニメは，ともに放送時に大いに注目されたが，放送終了後も聖地巡礼の客足に衰えが見られないのは驚異的である．前者の主人公の住居とされる鷲宮神社(埼玉県久喜市)の正月三が日の参拝者数は，放送開始直後の2008年に前年の3倍を超える30万人を記録したが，その翌年の2009年には40万人を突破し，放送開始から10年を経過した2017年も40万人台を維持している．2018年の正月三が日も大賑わいであった(写真1)．

　また，後者の主な舞台となった茨城県大洗町では，アニメゆかりのイベントも開催される大洗あんこう祭(11月開催)の2012年の参加人数は，放送前の2011年を大幅に超える6万人を記録した．その後も年々盛り上がりをみせ，2016年の参加者は町の人口の7倍に当たる13万人に達した．

観光効果持続のためには聖地とファンの連携が大事

　この二つの例の成功要因は，聖地のある地元地域がファンと積極的に連携していることにある．聖地の自治体や住民が，ファンとのコミュニケーションを通じてファンのニーズを丁寧に汲み取り，さらにアニメの権利者との関係を強化して，イベント開催やグッズ展開で工夫を重ねている．

　例えば，「痛絵馬」というキャラクターの絵やキャラクターの口癖やせりふが書かれたグッズが有名で，聖地巡礼の記念グッズとして絶大な人気を誇る．「らき☆すた」では主人公が鷲宮神社に住んでいるとされるので，正月三が日が盛り上がるのもこの痛絵馬を鷲宮神社で購入したり，普通の絵馬にキャラクターのイラストを書いて奉納するファンが多いからである．

　アニメの聖地では，キャラクターの住民登録も流行っている．キャラクターゆかりの地で住民登録し，その住民登録証を記念品にするファンが続出している．例えば，「らき☆すた」では，登場人物が旧鷲宮町に住んでいるとされたことから，旧鷲宮町では2008年に主人公らの特別住民登録を行い，その住民登録票を発売した．また隣接する幸手市は登場人物の一家が住んでいるという設定なので，2010年に旧鷲宮町と同様の住民登録を行い，その住民登録票を発売した．このように，「らき☆すた」では関連する複数の自治体でグッズが

鷲宮神社の門前の茶屋はアニメファン向け仕様となっている.

周辺にはキャラの特別住民票などアニメ関連グッズの店が目立つ.

写真1　正月の鷲宮神社周辺の様子

展開されており，それを求めて周遊するファンが多い．

「ガールズ＆パンツァー」では，さらに手の込んだ仕掛けが行われている．例えば，アニメの制作会社がご当地のJ2水戸ホーリーホックのスポンサーになっていて，アニメとサッカーをコラボさせ，レプリカユニホームなどのグッズ開発につなげている．

アニメには熱心なファンが多く，一般の観光ルートから少し離れた地域であっても聖地を訪れ，その後もリピーターになる可能性が高い．また，近年は急増する訪日外国人の中にも，アニメの聖地巡礼に高い関心を持っている者がいる．例えば，前述のアニメツーリズム協会では，プレスリリースなどは日本語・英語のみならず，中国語・インドネシア語・タイ語で記している．そして，丁寧なことに中国語は，中国向け・香港向け・台湾向け，と分けて作られている．訪日外国人向けのツーリズムとしても，聖地巡礼が有望であるからだ．

さらに，旅行消費については，事前に旅行会社に代金を払う「旅マエ」，現地で消費する「旅ナカ」に対し，旅行中に買って気に入った商品を旅行後にネット等で購入する「旅アト」が注目されつつあるが，アニメの聖地巡礼は旅行者に強い印象を残す可能性が高く，旅アト消費につながりやすいであろう．

アニメは必ずしも確実にヒットするわけでないものの，偶然にもヒットアニメの聖地となった自治体やその住民は，このような成功事例も参考に，観光効果の持続を目指してファンとの連携を深めていくべきであろう．

⑥

ガーデン・ツーリズム

〈POINT〉

- 近年，団塊世代の女性を中心として，庭園や植物園等を訪れるガーデン・ツーリズムの国内需要が高まってきている．外国人観光客のガーデン施設への来場も増えている．
- 北海道では 2009 年以降，「北海道ガーデン街道」の名称の下で，ガーデン施設巡りを観光資源化しており，地域活性化の優良事例として注目される．
- 北海道ガーデン街道の取り組みの特徴は，複数のガーデン施設間や異業種間での，地域を挙げた連携にある．こうした連携が集客力の向上や経済効果の拡大につながっている．

団塊世代の女性を中心に高まるガーデン・ツーリズム需要

　庭園や植物園等(以下，ガーデン施設)を訪れて草花・樹木の鑑賞を楽しむ観光旅行の形態を「ガーデン・ツーリズム」という．海外におけるガーデン・ツーリズムの代表的な観光地としては，チューリップの開花時期(3〜5月)に限定して公開されているオランダのキューケンホフ公園や，名画「睡蓮」が描かれたことで有名なフランスの「モネの邸宅と庭園」が挙げられる．これらの観光地では，花の見頃になると世界中から多数の人々が訪れており，日本人も少なくない．また，英国，オーストラリア，ニュージーランドでは個人の庭園を公開するオープン・ガーデンも盛んに行われている．

　日本でも花鳥風月を愛でる文化があり，家の庭や近隣の寺社仏閣等において，草花・樹木の鑑賞が古くから人々に楽しまれてきた．しかし，全国各地で「庭」を売りにする観光施設の開発が本格化したのは，戦後の高度経済成長期を経て，人々が金銭的な豊かさだけでなく，精神的な安らぎも求め始めるようになった

142　　6　各地の個性を生かす手立て

1960年代後半以降のことである．その後，90年代前半のバブル経済崩壊や2008年のリーマンショックの余波等により一部のガーデン施設は閉鎖されたが，近年は時間やお金に余裕があるいわゆる団塊世代の女性を中心として，ガーデン・ツーリズムの国内需要が再び高まってきている．また，ソーシャルメディアの観光情報を見て，日本のガーデン施設を訪れる外国人観光客も増えている．

　ガーデン施設の中には，公営系のものと私営系のものがある．公営系の施設には，かつて花をテーマとする博覧会の会場となった国営明石海峡公園（兵庫県）や浜名湖ガーデンパーク（静岡県）に加え，国営ひたち海浜公園（茨城県），とっとり花回廊（鳥取県）等がある．公営系の施設は，国や自治体が直接運営するケースと，民間が運営を受託するケースに大別される．私営系の施設には，園芸業者が手がけるものが多い．

地域を挙げた連携が注目される北海道ガーデン街道

　全国各地にガーデン施設が存在する中で，特に北海道では複数のガーデン施設の連携が成果を挙げており，地域活性化の優良事例として注目されている．

　この連携は，「北海道ガーデン街道」というブランド名で展開されている．北海道ガーデン街道とは，旭川市・富良野市・帯広市とその周辺にあるガーデン施設を結ぶ全長約250kmの観光ルートを指す．2009年に街道の命名と7つの施設の連携が実現した後，2014年に1施設が新たに加わり，現在に至っている（表1）．2008年にテレビドラマのロケ地となった「風のガーデン」をはじめ，日本初の針葉樹ガーデンといわれる「真鍋庭園」，人気女性ガーデナーが経営する「上野ファーム」や「紫竹ガーデン」，2012年に英国のガーデンデザイナーズ協会が主催するイベントで最高位の賞を獲得した「十勝千年の森」等，個性的で魅力のあるガーデン施設が連携に参加している．

　連携のきっかけは，ガーデニング専門誌の関係者が7つのガーデン施設のうち，二つの施設の関係者を引き合わせたことにある．この結果，古城巡りで有名なドイツのロマンティック街道にならい，北海道のガーデン施設巡りを観光資源化しようという構想が生まれた．その後，他のガーデン施設への呼びかけを経て，連携基盤となる北海道ガーデン街道協議会が2009年10月に設立され

表1　北海道ガーデン街道の8施設

施設名	所在地	施設名	所在地
大雪 森のガーデン	上川町	真鍋庭園	帯広市
上野ファーム	旭川市	紫竹ガーデン	帯広市
風のガーデン	富良野市	十勝ヒルズ	幕別町
十勝千年の森	清水町	六花の森	中札内村

資料）北海道ガーデン街道協議会公表資料より，みずほ総合研究所作成

た．同協議会は，自治体や公益法人等の支援を受けて観光パンフレットの作成，ホームページでの情報発信，旅行会社への訪問セールスを行っている他，4つのガーデン施設に入場可能な共通チケットを販売する企業を設立し，連携に参加する施設の集客に貢献している．

同協議会の活動等が実を結び，今や北海道ガーデン街道は，大手旅行会社の夏の北海道ツアーの多くに組み込まれる主要な観光資源へと成長した．ガーデン施設の弱みは，開花時期に観光客が集中してしまうことだが，北海道ガーデン街道の8施設はレストランの併設，マルシェ開催，アート展示，ウェディング対応，各種体験メニュー（乗馬，ガーデン講座等）の提供を通じてオフシーズンの集客にも一定の成果を挙げている．

また，北海道ガーデン街道の取り組みは，ガーデン施設間の連携を超えて，地域を挙げたガーデン・ツーリズム振興へと発展を遂げている．例えば，街道沿いのいくつかのホテルは，北海道ガーデン街道のオフィシャルホテルとしてガーデンランチやガーデンルームプランを用意した他，高速道路のサービスエリアには，一部のガーデン施設が監修するミニガーデンが設けられるようになった．これらの事例に代表されるガーデン施設と異業種との連携は，北海道ガーデン街道の集客力向上や経済効果の波及につながっている．

個別施設の単位でなく地域単位で展開するガーデン・ツーリズムの成長余力は大きく，今後，他の地域でも同様の取り組みが活発化する可能性がある．

7 交流人口拡大への
チャレンジ

観光振興に関わるキーワード

① インバウンド
② コト消費
③ クルーズ船
④ キッズウィーク
⑤ 観光の ICT 化
⑥ IR (統合型リゾート)

①

インバウンド

〈POINT〉

- 人口予測から算出すると，日本人の国内旅行者は今後，減少していく可能性が高い．その影響を相殺するために，インバウンド(訪日外国人旅行者)の地方誘致にかかる期待は大きい．
- 地方圏における外国人宿泊者数シェアは高まっているが，現状では都市圏への偏りはまだ大きく，地方誘致を進める余地は残されている．また，1人当たり支出額の地域差も大きい．
- 訪日外国人客(外客)の地方誘致に向けた課題として，まずインフラ強化が必要だ．同時に地域独自の体験すなわち「コト消費」(7-②)の売り込みが欠かせない．宿泊業等における人手不足の対応も検討すべきだ．

交流人口拡大の切り札として期待が大きいインバウンド振興

　今後，日本では人口減少・少子高齢化がさらに進む見込みであり，特に地方圏で懸念が大きい．地域の人口が減少して高齢化が進行するため，空き家率の上昇や遊休資産の増加などの問題が深刻化し，持続的な経済発展を続けていくことは困難となる．この難局を乗り越えるために期待されているのが，インバウンド(inbound)振興による交流人口の拡大である．

　地域経済の自立的な経済発展を促すためには，人口減少・少子高齢化に歯止めをかける対策が必要不可欠だが，そうした政策が奏功して効果が発現するまでには相当程度の時間がかかる．そこで，短期的には地域外からの観光客などの訪問者を増やす(交流人口を増やす)ことにより，地域内の飲食や宿泊などの需要を底上げして，経済を活性化していくことが重要となる．その中でも，近年になって注目されているのがインバウンド(訪日外国人旅行者)だ．

　図1は，日本人と外国人の旅行者数について，人口見通しなどを踏まえて

146　　7　交流人口拡大へのチャレンジ

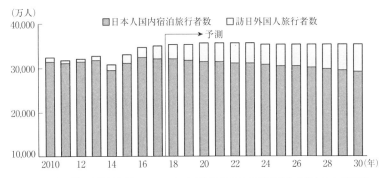

注）訪日外国人旅行者数は，2030年政府目標(6,000万人)達成を前提とした予測値．
資料）観光庁「旅行・観光消費動向調査」，日本政府観光局(JNTO)等より，みずほ総合研究所作成

図1　日本人・外国人の旅行者数の予測値

2030年までを予測したものである．これをみると，人口減少と高齢化による旅行回数の減少により，日本人の国内旅行者数は今後減少する見込みだ．そのため，キッズウィークなどを通じて(7-④参照)日本人の国内旅行を活発化させることも重要ではあるが，人口減少・少子高齢化が進む中では，国内旅行者数の先行きに過度の楽観は禁物だろう．

そこで，訪日外国人旅行者数の増加によって，日本人の国内旅行者数の減少による影響を相殺する必要がある．訪日外国人旅行者数は2017年に約2,900万人となっており，日本人(約3.2億人)と比較すると，そのシェアは小さい．しかし，2012年と比較すると3倍の規模まで増加しており，日本人の増加率（+2.5%）を大きく上回る勢いだ．政府は，訪日外国人旅行者数を2020年に4,000万人，2030年に6,000万人にするという意欲的な目標を掲げており，今後も外国人観光客受け入れ拡大に向けた政策を実施していく見込みだ．また，民間企業もインバウンド関連ビジネスに積極的に取り組んでおり，インバウンド受け入れ環境整備は進んでいる．世界経済フォーラムが発表している「観光競争力指数」をみても，2017年の日本の順位は世界第4位まで上昇した．

今後も，インバウンド振興に向けた官民双方の取り組みが続いていくことにより，訪日外国人旅行者数に関する政府目標達成も決して夢物語ではないといえよう．

① インバウンド

インバウンドの地方誘致はまだ途上

　今後，地方を訪れる外国人旅行者の増加が地域経済の活性化に波及していくとの期待は大きい．外国人延べ宿泊者数をみると，2017年の地方圏（三大都市圏を除く道県）のシェアは40%超と，2012年（約33%）から拡大しており，徐々に地方を訪れる外国人が増えていることがうかがえる．

　しかし，日本人（同シェアは約66%）と比較すると，まだ都市圏に偏っている構造であり，地方誘客を進める余地があるといえよう．政府は，2020年に地方圏の外国人延べ宿泊者数を7,000万人泊にするという目標を掲げているが，達成には2017年（3,185万人泊）の2倍以上の地方誘客が必要となり，現状のペースのままでは達成困難だ．

　また，地域経済活性化の観点から重要なのは，外国人旅行者の1人当たり消費支出額（1回の旅行当たり）の底上げである．地方を訪れる外国人旅行者が増えたとしても，その地域でお金を使ってもらわなければ，経済効果は大きくならない．都道府県別の1人当たり消費支出をみると，例えば奈良県は東京都の5%程度と，かなり低い水準だ．一方で北海道は東京都とほぼ同水準となっており，地方圏内での格差も大きい．インバウンド需要拡大による恩恵を地域経済の隅々まで波及させていくためには，1人当たり消費支出額の引き上げも欠かせない．

鍵となるインフラ強化，コト消費，人手不足対応

　今後，訪日外客の地方誘致を進める上でまず必要となるのは，インフラ強化だ．空路の面では，地方空港におけるLCCなどの新規就航・増便といったアクセス改善が鍵となる．図2は中国およびNIEs（韓国・台湾・香港・シンガポール）旅行者の空港からの入国者数の割合を比較したものである．中国人旅行者の場合，関西と成田・羽田，中部といったゴールデンルート上の空港からの入国者が80%を超えている一方，NIEsの場合は70%未満と小さく，福岡や那覇，新千歳空港の割合が小さくない．この背景には，仁川空港などの各国の主要空港と日本の地方空港を結ぶLCCの路線が増加していることがある．この結果，中国人旅行者の訪問地域はゴールデンルート中心であるのに対し，NIEs旅行者は九州・沖縄や北海道を訪問することが相対的に多くなっている．

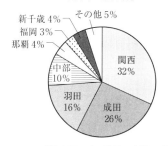
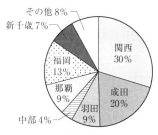

注）NIEsは，韓国，台湾，香港，シンガポールの合計．
資料）法務省「出入国管理統計」より，みずほ総合研究所作成

図2　各空港からの入国者数の割合（2017年）

　また，海路のアクセスについては，近年，政府は訪日クルーズによる誘致を強化しており，西日本を中心に寄港回数は増加している(7-③参照)．訪日クルーズ客についても政府は意欲的な目標を掲げて，誘致を一層強化する方針だ．

　次に，地方独自の「コト消費」によって外国人を引きつけることが鍵となる．「モノ消費」，すなわち買物目的の旅行者は，巨大ショッピングモールのある都市圏に集まりやすい．一方で，ある地域でしか体験できない独自の食や娯楽などのコト消費については，SNS等を通じた効果的なプロモーションや口コミによって評価が拡散されて知名度が向上すれば，その地域独自のブランドとなり，リピーターを呼び込むことにもつながるなど，一大観光資源となる可能性を秘めている．実際，外国人宿泊者が増加している都道府県の多くは，コト消費をうまく売り込んでいるケースが多い(7-②参照)．

　加えて，ナイトライフ(夜の観光)を充実させれば，その地域での宿泊日数が増加することにより，1人当たり消費支出額が増加することにもつながる．こうした背景もあり，現在，政府が設立を目指しているIR(統合型リゾート，7-⑥参照)の誘致を検討している地方自治体も少なくない．

　仮に外国人の関心が地方に向いて訪問意向が高まったとしても，宿泊業などの働き手不足により，需要を取り損ねてしまうケースも今後出てこよう．接客などの対人サービスの質は，従業員によって大きく左右されることもあり，人手不足は観光関連産業にとって死活問題になりかねない．ICT活用(7-⑤参照)などを梃子として対応を進める必要があろう．

② コト消費

〈POINT〉

- 近年の各都道府県の外国人宿泊者数の推移をみると，香川県，佐賀県，沖縄県，和歌山県が伸び率が高い上位4県となっている．この4県のインバウンド誘致について考察してみた．
- 共通点として，香川県の芸術祭や佐賀県のロケ地誘致，沖縄県のリゾート婚，和歌山県の世界遺産の巡礼など，その県でしか体験できない独自の文化や食事，娯楽などの「コト消費」が人気を得ていることがわかる．
- 日本人には何気ないことであっても，強力な観光資源となりうるコト消費には無限の可能性がある．ただし，その裏では交通アクセス改善と認知度向上に向けた努力が欠かせないことも忘れてはならない．

┃ インバウンド誘致に成功しているのは香川県や沖縄県など

　現在，地方圏における訪日外国人宿泊者数のシェアは40%超と，近年，徐々にそのシェアを高めつつあるが，人口減少・少子高齢化時代の中で地方経済を活性化させるためには，さらなる誘致が必要だ(7-①参照)．

　今後の地方誘客に向けて必要なことは何か．この点を考察するために，インバウンド誘致に成功している都道府県の事例を探ってみよう．

　図1は，各都道府県の外国人延べ宿泊者数について，2013〜17年の平均的な伸び率上位10県をみたものである．最も高い伸び率となっているのは香川県で，次に多いのが順に佐賀県，沖縄県，和歌山県という結果になる．昨今，ニュースなどで東京都や大阪府，京都府が訪日外国人客で賑わっているということが多く取り上げられている印象と比べると，意外な結果といえるのではないだろうか．

150　　7 交流人口拡大へのチャレンジ

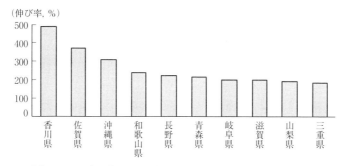

注）2013~17年の外国人延べ宿泊者数の平均値を2012年の値で除することで平均的な伸び率を算出.
資料）観光庁「宿泊旅行統計調査」より，みずほ総合研究所作成

図1　都道府県別・外国人延べ宿泊者数の伸び率（上位10県）

インバウンド誘致の鍵は，コト消費の売り込み

以下では，上位4県のインバウンド誘致策について，それぞれみていこう．

まず，伸び率トップの香川県をみてみよう．2012年の香川県における外国人延べ宿泊者数は4.3万人泊だったが，2017年は46万人泊と10倍以上にまで急増している．国籍・地域別の内訳をみると，香港や中国，台湾からの旅行者が大きく増加した．この背景には，2013年以降に高松空港と台北，上海，香港との就航が開始され，LCCなどの航空便が増加したことがある．また，2010年から開始された，3年に一度の瀬戸内国際芸術祭による認知度の向上も大きい．特に，2016年は「海でつながるアジア・世界との交流」を重点プロジェクトとして，アジアなど海外でのPRや言語対応などが強化された．その結果，アンケート調査によれば，芸術祭への外国人来場者数の割合が13.4%と前回（2.6%）から大幅に増加した．その他，うどん（手打ち体験教室や，うどん店を巡る観光バス）やお遍路なども，台湾人を中心に人気のコンテンツとなっている．

次の佐賀県については，外国人延べ宿泊者数が2012年の4万人泊から2017年には38万人泊に増加しているが，特徴的なのはタイ人旅行者が急増している点だ．全体に占めるシェアは韓国人や中国人よりも小さいものの，2012年（390人泊）と比べて2017年は10倍以上（5,530人泊）となっている．この起爆剤となったのがロケ地誘致である．タイの映画「タイムライン」やドラマ「きも

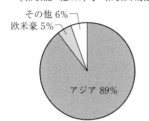

資料）和歌山県商工観光労働部観光局「観光客動態調査報告書」より，みずほ総合研究所作成

図2　和歌山県の主要観光地での外国人宿泊者数の国籍別割合（2016年）

の秘伝」で，日本三大稲荷の一つである県内の祐徳稲荷神社がロケ地となると，映画やドラマのヒットを受けて参拝するタイ人が急増した．タイ語のおみくじを作成するなど，言語対応も功を奏した．また，中国人や韓国人旅行者も増加しているが，背景には新たな国際便の就航や，英語，中国語，韓国語による24時間のコールセンター開設など，佐賀空港の機能強化がある．現在は，同空港の滑走路延長の実現と，タイとの直行便就航が目標に掲げられている．

次いで沖縄県をみてみよう．沖縄県は日本人にとってもリゾート地として人気の高い観光地であるが，外国人延べ宿泊者数も2017年に約460万人泊となり，2012年（78万人泊）から約6倍となった．香川県と同様に，台湾や中国，香港，韓国からの旅行者が増加している．もともと東アジアの国と地理的に近いことに加え，2014年に那覇空港に国際線の新ターミナルが増設され，LCCの就航が開始され，交通アクセスがさらに改善した．また，クルーズ船による訪問者も増加しており，リピーター需要を生んでいる可能性がある（7-③参照）．ダイビングなどのマリンスポーツが沖縄では有名であるが，近年はリゾート婚目的の訪問が増加し，2017年は過去最高（2,066組）を更新した．

最後に，和歌山県の外国人延べ宿泊者数は2012年の12万人泊から2017年には52万人泊に増加したが，特に中国人や香港人の増加が顕著である．この背景として，和歌山県の場合，外国人旅行者は，関西国際空港が立地する大阪府から訪問することが多いため，関西国際空港におけるLCCなどの新規就航路線の増加に加え，大阪府での宿泊需給の逼迫に伴って，近接している和歌山

県に宿泊需要がシフトした可能性がある．また，白浜町の円月島や和歌山市の黒潮市場のマグロ解体ショーなどが人気を集めている面も大きい．一方で，他の県と比較して，宿泊者に占める欧米諸国からの旅行者の割合が相対的に大きいことも特徴的であるが，その理由として世界遺産である高野山や熊野古道の巡礼が人気を博していることがある．これらの地域の宿泊者数シェアを見ると，欧米諸国が圧倒的であり，中国などアジアが多い地域では欧米諸国の割合は小さい(図2)．県内の多様な観光資源を活かしてインバウンド誘致に成功していることがうかがえる．

　以上のとおり，各県の動向を探ると，その県でしか体験できない独自の文化や食事，娯楽などのコト消費が人気を得ていることがわかる．こうしたコト消費という観光資源の創出には，都心部のショッピングセンターのように必ずしも大規模な投資が前提とされているわけではない．むしろ地方のオリジナリティの徹底が問われる．日本人には何気ないものであっても強力な観光資源となりうるコト消費には，無限の可能性が秘められているといえよう．

インフラ改善と認知度向上も必要不可欠

　一方で，香川県や沖縄県などの事例を見ると，コト消費による誘客成功の裏には，LCC 就航などによる交通インフラ整備があることも見逃してはならない．地方独自のコト消費による観光資源の創出と，インバウンドを結びつける交通アクセスの整備を両輪として進めていくべきだ．交通インフラについては，一次交通の整備に加えて二次交通の整備も重要であり，言語対応などソフト面でのインバウンド対応による利便性の向上も欠かせない．

　加えて，佐賀県のロケ地誘致の例からわかるように，外国人の認知度が飛躍的に向上すれば，コト消費がブランド化して大きな観光資源となる．認知度向上のためには，外国人の嗜好を徹底的に把握したプロモーションが効果的だ．例えば和歌山県の例では，高野山などの巡礼に対しては欧米諸国の関心が高い一方，白浜町の円月島の自然景観は香港人に人気がある．このように，国ごとに興味が異なる外国人に対して，一律に観光資源を PR しても非効率的だ．ホームページや SNS などの使い分けによる PR や，ビッグデータなどを用いた分析を今後さらに進めていく必要があろう(7-⑤参照)．

② コト消費　153

③

クルーズ船

〈POINT〉

- 近年，クルーズ船を利用する訪日外国人旅行者が急増している．特に，沖縄県や福岡県，長崎県など西日本を中心にクルーズ船寄港回数が増加している．
- 政府は，2020年のクルーズ船入国者数500万人という意欲的な目標を掲げている．目標達成に向けて，国際クルーズ拠点に指定した港湾の整備を進めていき，受け入れ態勢を強化しようとしている．
- 今後の課題は，訪日クルーズ外客の消費単価の底上げにより，経済効果を大きくすることだ．そのためには，寄港後に船客の足となるバスやタクシーなど二次交通の整備を進めることが必要だ．

急増する訪日外国人旅行者のクルーズ船利用

　インバウンドの地方誘致に向けて，コト消費とインフラ整備の両輪が重要である（7-②参照）．その中でも，訪日外国人旅行者の誘致に成功している沖縄県については，クルーズ船の誘致強化が奏功している可能性に言及した．そこで以下では，クルーズ船によるインバウンド誘致の現状と課題を探る．

　近年，クルーズ船を利用する訪日外国人旅行者が急増しており，2017年の入国者数は253万人と過去最高を更新し，2013年（17.4万人）の約15倍の規模となった．国籍別の内訳をみると，中国や台湾を中心とした日本に近接する東アジア諸国が大部分を占める．この背景には，中国を中心に東アジアの経済成長によって所得水準が上昇していることや，クルーズ船の乗客を対象にした入国審査の大幅短縮制度（船舶観光上陸許可）が2015年から導入されたことなどがあると考えられる．

154　　　7　交流人口拡大へのチャレンジ

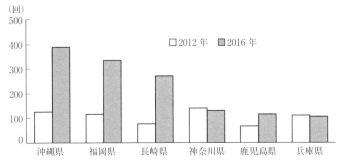

資料）法務省入国管理局プレスリリース資料より，みずほ総合研究所作成
図1　都道府県別のクルーズ船寄港回数（上位6県）

沖縄県など九州・沖縄地域のクルーズ船寄港回数が増加

　こうしたクルーズ船を利用した訪日外国人旅行者は，どの地域を訪問しているのだろうか．船舶観光上陸許可数をみると，九州・沖縄の主要5港（博多，長崎，鹿児島，那覇，石垣）で87％のシェアを占めており，同地域への訪問が圧倒的に多く，クルーズ船受け入れ態勢の整備が進展していることがうかがえる．実際，2016年の都道府県別のクルーズ船寄港回数をみると（図1），沖縄県や福岡県，長崎県は飛躍的に増加していることがわかる．クルーズ船という新たな観光インフラの整備による地方誘客が，徐々に奏功しつつあるといえよう．

　この中でも，沖縄県は2013年度のアクションプランの下，那覇港の埠頭整備や，アジアでの展示会・商談会への参加など，ハード・ソフト両面での施策を進めてきた．こうした取り組みの結果，沖縄県各港におけるクルーズ船寄港回数は2016年に約390回と，2013年から3倍となった．それに伴い，沖縄県を訪れた海路客も2016年に過去最高の約72万人と急増した（2013年は約17万人）．

　また，沖縄県のクルーズ船客の消費単価は約3万6,000円と全国平均（約3万2,000円）より高く，経済効果も大きいと推察される．加えて，クルーズ船で沖縄を訪れる人の多くは初回訪問者であるが，再訪意向率は90％近くであり，リピーター需要が生み出されている可能性もある．

2020年の訪日クルーズ旅客数目標達成に向けて拠点形成へ

　政府は，2020年のクルーズ船入国者数の目標を500万人に設定している．2020年の訪日外国人旅行者数目標(4,000万人)と同時に実現すれば，訪日旅行者の8人に1人がクルーズ船を利用することとなり，現在の水準(2017年の訪日外国人旅行者数に占めるクルーズ船利用者は約9％)から上昇する見込みだ．Cruise Market Watch によれば，2017年の世界のクルーズ船旅客数は2,516万人であり，日本のシェアは約10％だ．同予測値を前提にすると，2020年の目標達成には，そのシェアを18％前後にまで引き上げる必要があると試算され，ハードルは低くない．

　目標達成に向けて，2017年7月から国際クルーズ拠点として指定した港湾(横浜港，清水港，佐世保港，八代港，本部港，平良港，鹿児島港)において，民間による受け入れ施設整備を促す協定制度等が創設された．今後，港湾管理者による国際旅客船拠点形成計画の作成や，クルーズ船社との協定締結，旅客ターミナルビルの整備等が着手され，2019年以降に指定港湾の運用が開始される見込みだ．

　こうした取り組みが進んでいき，クルーズ船による訪日外国人旅行者の受け入れ態勢がさらに整備されていけば，西日本を中心にインバウンド誘致拡大を実現する起爆剤になる可能性があるといえよう．

訪日クルーズ外客の1人当たり消費支出の底上げが優先課題

　それでは，2020年の政府目標達成に向けた課題は何か．

　まず当然ながら，港湾インフラのさらなる整備が必要だ．現在，那覇港ではクルーズ船の受け入れが過密で対応困難となり，2017年に同港は47件の寄港を断念している．訪日クルーズ需要が増加したとしても岸壁不足が解消しなければ，目標達成は困難だ．今後，政府，自治体はクルーズ船専用岸壁の整備を早急に進める方針だが，工事にかかる予算の捻出に加えて，建設業の人手不足感が強まっていることもあり，進捗が滞る懸念もある．

　地方の厳しい財政状況や建設労働者不足などは，人口減少・少子高齢化が進む中では簡単に解決できない問題であり，岸壁や旅客ターミナルなどの港湾整

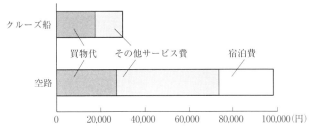

資料) 沖縄県文化観光スポーツ部観光政策課「平成28年度外国人観光客実態調査」より，みずほ総合研究所作成

図2　沖縄本島を訪問した外国人旅行者の1人当たり消費支出(2016年度)

備は，中長期的な視点で進めていく必要があろう．

　こうした状況下で必要とされるのは，クルーズ船1回の寄港による経済効果を最大化させるという発想ではないか．クルーズ船による寄港の場合，船客は到着後の滞在時間が短い(クルーズ船は基本的に船中泊が前提)ため，空路客よりも行動範囲が限られる．そのため，旅行者の1人当たり支出額は高くないと想定される．実際，沖縄県のクルーズ外客の消費単価を空路外客と比べた場合，クルーズ外客は3分の1程度にとどまる(図2)．もしバスなどの二次交通が充実していない場合，船客は典型的な観光名所のみを巡った後，免税店でお土産を買って船に戻るといった滞在パターンが多くなり，商店街など地元への経済効果は限定的となってしまう可能性がある．

　訪日クルーズ外客の消費単価を上昇させるためには，寄港後に船客の足となるバスやタクシーなど二次交通の整備が鍵だ．秋田県では8月に開催される「竿燈まつり」の期間中，秋田港に寄港するクルーズ船客を対象に市内までの直通列車の運転を試行的に行い，乗客からも評判だったという．また，地元業者との情報共有を徹底して，出店のタイミングを合わせるなどの工夫も必要だ．

　滞在時間が限られるクルーズ船客であるが，短い時間でも満足させる体験を提供できれば，リピーター需要を生み出して持続的に経済効果が発生しよう．訪日クルーズ外客誘致は，限られた時間内で船客に対して，いかに寄港地の魅力をPRするかという一大プロモーション戦略として取り組むべきであろう．

④

キッズウィーク

〈POINT〉

- 国内旅行需要の創出に向けて，政府は2018年度から「キッズウィーク」を導入する．これは，夏休みなど比較的長い学校休業日の一部を他の時期に分散させる取り組みである．
- キッズウィークの普及により，新たな国内旅行需要の創出などを通じた地域経済の活性化が期待される．また，地域のお祭りなどイベントに合わせた有給休暇取得の促進により，経済効果の増幅が期待される．
- 地方への国内旅行需要の活性化に向けては，高齢化による従業員不足問題が大きな壁となるリスクがある．長期的な視座から，働き方・休み方改革を今から進めていく必要があろう．

キッズウィークは地域の実情に応じた休暇分散化の取り組み

　人口減少・少子高齢化が進む中では，インバウンド誘致による交流人口の増加が必要不可欠であることに異論はないだろう．しかし，日本国内の宿泊需要のうち大部分はいまだに日本人であり，今後，国内旅行需要が減少の一途を辿るような事態だけは避けなければならない．

　国内旅行需要の創出に向けて，政府は2018年度からの「キッズウィーク」導入に向けた取り組みを開始している．キッズウィークとは，夏休みなど比較的長い学校休業日の一部を他の時期に分散させて新たな大型連休を創出する取り組みのことだ．例えば，公立の小中学校の夏休みや冬休みを数日間短縮し，それを別の月の土日や祝日の前後に移動させ，まとまった連休とすることが想定されている．その際，政府は経済団体や企業等に対して，キッズウィーク時の従業員の有給休暇取得を強く要請する方針を示しており，大人と子どもが一緒に休日を過ごすことに主眼が置かれている．加えて，全国一律の休暇とする

158　　7　交流人口拡大へのチャレンジ

表1　地域の祭りに合わせた有給休暇の
取得促進例

地　域	祭　り	時期
埼玉県熊谷市	熊谷うちわ祭	7月
山形県新庄市	新庄まつり	8月
大分県大分市	大分七夕まつり	8月
北海道旭川市	旭川夏まつり	8月
愛知県新居浜市	新居浜太鼓祭り	10月
熊本県人吉市	おくんち祭	10月
埼玉県秩父地域	秩父夜祭	12月

資料）厚生労働省「働き方・休み方改善ポータル
サイト」より，みずほ総合研究所作成

のではなく，教育現場や企業の自主的な取り組みなど地域の実情に応じて，独自の連休を作ることがポイントだ．

　キッズウィークが普及することで期待されるのは，新たな国内旅行需要の創出などを通じた地域経済の活性化である．日本の国内旅行の月別状況を確認すると，国内旅行人数が最も多いのは8月である．これは，子どもの夏休みやお盆に合わせて，企業の多くが全社的な夏季休業をとるからだ．政府は，8月に集中している旅行需要を平準化することで，混雑緩和や，それに伴う国内旅行需要の創出を狙っている．例えば，ある地域の夏休みの一部がシフトして，夏休みとは別の閑散期に連休が設定されれば，低コストで国内旅行を楽しめる．そうなれば，夏休みの混雑や高い宿泊料金を嫌気して旅行を避けていた人も，国内旅行に前向きとなるだろう．民間企業によるキッズウィークに関するアンケート調査などをみると，キッズウィークでは普段の夏休みよりもアクティブに過ごしたいと希望する世帯の回答割合は大きく，自然体験などのアウトドアを目的に，地方に旅行する人も増えることが期待されよう．

地域での有給休暇取得促進に向けて期待される祭り休暇

　地方への国内旅行の創出に加えて，期待されているのが祭り休暇による地域経済の活性化だ．例えば，熊本県人吉市や愛媛県新居浜市などでは，その地域のお祭りを子どもの学校休業日に設定し，その前後の土日や祝日と組み合わせて，両親の有給休暇の取得を促進する取り組みがすでに行われている（表1）．

④ キッズウィーク　159

具体的には，自治体や企業，学校などの関係者による連絡会議の設置，有給休暇取得促進に関するリーフレットの配布，事業場への社会保険労務士など専門家の派遣，アンケート調査などの取り組みが実施されている．キッズウィークの旗印の下，こうした取り組みが地域で普及すれば，有給休暇を取得しやすい環境の整備が進む上に，お祭り開催による経済効果が増幅することになろう．

　また，地域の祭りに限定せず，他のイベントと組み合わせて有給休暇の取得を促進することも有効と考えられる．例えば，大分県大分市では，8月の「大分七夕まつり」がお盆の前であり，仮にこの時期に休もうとすると休暇が断続的に続くことになるため，休暇を取得しにくいという声があった．そこで，10月の「おおいた食と暮らしの祭典」の期間における休暇取得を同時に促進するという工夫を行っている．また，静岡県静岡市でも，8月の「清水みなと祭り」などの祭りに加えて，11月に開催される「大道芸ワールドカップ」に合わせた有給休暇取得を促進している．

▌見過ごされがちな宿泊・飲食サービス業の働き方・休み方改革

　こうした期待もある一方で，キッズウィークの普及には働き方・休み方改革のさらなる定着が前提となるが，改革が進展するまでには相当程度の時間を要するだろう．週休2日制を振り返っても，1987年の労働基準法改正（翌年施行）から段階的に普及が進んでいき，1990年代後半になって90%程度の企業が採用するに至った（厚生労働省「就労条件総合調査」より）．キッズウィークについても，長期戦を覚悟して地道な取り組みの継続が肝要である．

　仮に長い時間をかけてキッズウィークの取り組みが普及したとしても，宿泊・飲食サービス業の従業員不足が，地方への国内旅行需要拡大に向けた壁となる恐れがある．日本銀行「全国企業短期経済観測調査」（短観）における雇用人員判断DI（Diffusion Index とは雇用人員が「過剰」と回答した企業の割合から「不足」と回答した企業の割合を減じた値のこと）をみると，宿泊・飲食サービス業は，建設業や運輸・郵便業，小売業などの，すでに従業員不足問題が指摘されている業種よりも，人手不足感が強いことを示している．

　こうした人手不足は，今後，地方においてより大きな課題となる可能性が高い．厚生労働省「賃金構造基本調査」を用いて，宿泊・飲食サービス業の中

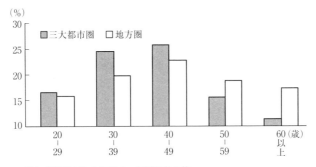

注）従業員100人以下の一般労働者の値.
資料）厚生労働省「賃金構造基本調査」より，みずほ総合研究所作成

図1 宿泊・飲食サービス業従業員の地域別・年齢別シェア（2017年）

堅・中小企業における従業員の年齢階層別分布をみると，地方圏の高齢化率が高いことが確認できる（図1）．少子高齢化が進行していく中で，働く従業員を十分に集められず，新規開業ができなかったり，サービスの質と量が下がって事業縮小や廃業を余儀なくされるケースも多数出てくるだろう．せっかく地域への訪問者が多数増えたり，地域の祭りに参加する人が増えたとしても，サービスの提供ができなければ，需要を取り損ねてしまうことになりかねない．また，宿泊・飲食サービス業の従業員にとってみれば，他の業種の有給休暇取得率が上昇したとしても，その裏で自分たちは働くことになり，人手不足感がますます強まって，より休みにくい環境になってしまう懸念がある．

こうしたリスクを未然に防ぐためにも，宿泊・飲食サービス業において，今から働き方・休み方改革を進めていき，効率的な業務繰りと人材確保の機会拡充を図っていく必要がある．厚生労働省の各種統計をみると，宿泊・飲食サービス業の所定内労働時間は他業種より長く，有給休暇の取得率は低い．厳しい労働環境を反映してか，離職率も高水準であり，従業員の確保が難題となっている．こうした状況を是正するためには，経営者の率先した意識改革の下，業務繰りの見直しやITシステムの導入などを通じた効率化を進め，従業員にとって働きやすい環境を形成することが肝要だ．そうなれば，労働生産性の改善に加えて，新たな労働力の確保にも結びつくだろう．

⑤

観光の ICT 化

〈POINT〉

- 宿泊・飲食業における従業員不足問題への対処として，ICT の活用が不可欠だ．これまで宿泊・飲食業は ICT 活用に積極的であったが，業務効率化の意識は低く，バックオフィスなどで効率化の余地があろう．
- また，飲食・小売店における多言語化等インバウンド対応を進める上でも，ICT を積極的に活用すべきだ．その後押しとして，地方自治体による無線 Wi-Fi 整備が有効である．
- インバウンド向け情報の発信については，やみくもに発信するのではなく，ビッグデータ分析やアンケート調査の実施などにより，効果的なプロモーションを考えなければ，効果は乏しい．

宿泊・飲食サービス業は ICT 活用で業務効率化の余地あり

　宿泊・飲食サービス業の従業員不足問題が今後，地方圏で深刻化する恐れがある（7-④参照）．この問題の活路として，近年ますます注目されているのが ICT（情報通信技術）の活用である．もちろん，今後の人材確保に向けて，大学での観光業の人材育成の拡充や，資格制度の充実，外国人労働者の受け入れの検討など，さまざまな取り組みが求められている．加えて，企業レベルでの取り組みとして，働き方・休み方改革が重要である（7-④参照）が，これを進める上で，鍵となるのが ICT の活用である．経済産業省中小企業庁「中小企業白書（2013 年版）」をみると，今後，従業員の高齢化が深刻化すると予想される宿泊・飲食サービス業の中小企業において，IT 導入企業の割合は大きく，その必要性は強く認識されている．その目的は販売機会の拡大に置かれており，ホームページ開設や SNS，ツイッターが積極的に活用されている．一方で，業務効率化の意識は低く，業務プロセスの見直しを行っていない企業割合が大きい．

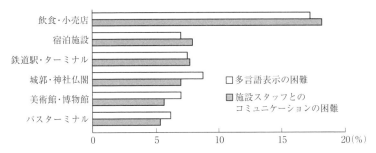

注) 複数回答．東京・名古屋・京都・大阪以外の都市．2016年度調査．
資料) 観光庁「訪日外国人旅行者の国内における受入環境整備に関するアンケート」結果より，みずほ総合研究所作成

図1　訪日外国人旅行者が旅行中に困った場所（地方での調査結果）

以上から，宿泊・飲食サービス業において，ICTによる業務効率化の余地はまだまだ大きいといえよう．特に宿泊業の場合，接客などの対人サービスにおいて，従業員の質が顧客の満足度を大きく左右する要因になる．だからこそ，バックオフィスなどの業務をICT活用により効率化し，従業員を接客サービスに注力させて生産性を向上させることが可能だ．例えば，自社独自のシステムを導入し，従業員の業務繰りを携帯電話やタブレット端末で「見える化」することや，過去の宿泊履歴やアンケート結果などの顧客情報をシステムで管理して従業員の中で共有するといったことを通じて，顧客へのタイムリーなサービスの提供が実現し，業務の効率化に成功している企業が，実際に存在する．

ICT活用による働き方・休み方改革を実際に進めていく上では，経営者の意識改革が前提となる．経営者が自らICTを活用して業務繰り改善に向けたプロセスを続けるというメッセージを強く打ち出せば，従業員のICT活用に対する意識も変わってこよう．また，従業員のICT活用能力に問題がある場合も少なくなく，社内研修を積極的に導入する必要がある．

地方自治体による無線Wi-Fi整備は訪日客誘致に有効

前述したように，販売機会の拡大に向けたICTの利活用は，すでに宿泊・飲食サービス業においても意識が高い分野となっているが，この分野で今後さらに重要となってくるのは，いうまでもなくインバウンド対応である．特に，

多言語による情報発信やサービス提供を行う上で，ICT を活用する利便性は高い．観光庁のアンケート調査によれば，訪日外国人旅行者が旅行中に困ったこととして，スタッフとのコミュニケーションの困難や，多言語表示の少なさが挙げられている．特に，飲食・小売店の回答割合が多く（図1），こうした業種では ICT 活用によって，サービスを改善できる余地がある．

ICT 活用による販促を後押しするために，地方自治体に求められている取り組みとして，無線 Wi-Fi 整備が挙げられる．前記の観光庁アンケートでも，無料公衆無線 LAN 環境に困った外国人が多い，との結果になっている．

訪日外国人旅行者への通信手段の提供を通じて，無線 Wi-Fi を訪日外国人客の誘致に活用する例もある．例えば，静岡県静岡市では，公衆無線 LAN 事業を進めて Wi-Fi ルーターの無料貸し出しを行っているが，Facebook やツイッターでの同サービスの宣伝を条件としている．静岡市は通信環境が整備された地域であることを，SNS を通じてアピールして訪日外客の誘致を図る狙いがある．こうした地方自治体による公衆無線 LAN の整備に関する事例は増えており，北海道函館市や大分県大分市などが，サービス提供を積極的に行っている．

総務省「情報通信白書（平成 29 年版）」で，地方自治体のインバウンド対応の取り組みに関してパネルデータを用いた計量分析を行ったところ，訪日外国人客の増加に対して，「無線 LAN（Wi-Fi）アクセスポイントの設置」や「無線 LAN ルーターなど ICT 機器・端末の貸し出し」は，統計的に正で有意となった．この結果は，無線 Wi-Fi の設置による利便性の向上が，訪日外国人客の地方誘致につながることを意味しており，今後の進展に期待がかかる．

アンケート，データ分析で情報発信がより有効に

加えて，有効な取り組みとして「外国人観光客に対するアンケート調査の実施」，「各種ログ（アクセスログ，GPS ログ等）を活用したデータ分析」，「自ら運営・管理するホームページや Web 上の観光案内を多言語化」も統計的に正で有意となった．一方で，「外部の Web サイトや SNS サイトを活用した外国人向けの情報発信・PR」や「外国人向けの専用アプリの作成」，「外国人向けの口コミ交換・相談等サービスの提供」といった取り組みは，有意でなかった．

この結果から，ただやみくもに SNS などで情報発信を一方的に行うのでは

164　　7　交流人口拡大へのチャレンジ

表1 訪日外国人旅行者が出発前に得た旅行情報源で
最も役に立ったもの

日本政府観光局ホームページ	タイ
旅行会社ホームページ	ベトナム
宿泊施設ホームページ	インド
口コミサイト(トリップアドバイザー等)	シンガポール，インドネシア，フィリピン，英国，ロシア，米国，カナダ，オーストラリア
SNS(Facebook/Twitter/微信等)	中国
個人のブログ	韓国，台湾，香港，マレーシア，スペイン
旅行ガイドブック	ドイツ，フランス，イタリア

注1) 複数回答．観光・レジャー目的．2017年の値．
注2) 回答率が最も高い項目を国籍別に抜粋．
資料) 観光庁「訪日外国人消費動向調査」より，みずほ総合研究所作成

なく，データ分析やアンケート調査の結果をうまく活用し，相手国ごとの趣味・志向を踏まえた一工夫が必要であることが示唆されよう．ホームページなどのWeb上の多言語化対応が有効という計量結果も，アクセスログなどからの検証による改善を繰り返し行うという試行錯誤が背景にあると考えられる．

相手国の特徴を理解することが重要な例として，活用している情報源が異なることが挙げられる．訪日外国人旅行者が訪日前の情報収集として活用した項目を見ると(表1)，東アジア地域についても，中国であれば「SNS」(Facebook/Twitter/微信等)となっているが，韓国，台湾，香港は「個人のブログ」といったように，最も活用する情報源には差異がある．同様にASEANも国ごとに異なっている．欧米豪諸国も「口コミサイト」と「旅行ガイドブック」などに分かれている．訪日外国人客の関心事項が国によって異なることと同様に，ICT活用によるPR方法についても，相手国ごとに最適なデザイン設計が肝要であろう．

最近では，広島県が飲食店検索サイト大手の「ぐるなび」との提携を発表し，観光客の飲食動向の分析などについて，同社のビッグデータを活用して調査を進める方針であると発表された．今後，無線Wi-Fi環境が整備されていくにつれて，ビッグデータの活用も進展する可能性があり，より効果的な情報発信を行う環境整備が地方で進展していくことを期待したい．

⑥

IR(統合型リゾート)

〈POINT〉

- 政府はIR(統合型リゾート)を，2020年の東京五輪後の新たな経済の起爆剤として推進する方針だ．訪日外国人は，IRの商業施設や娯楽施設などに対して，一定の関心を持っている．
- 地方自治体もIRの誘致に乗り出している．その中の代表格として，長崎県佐世保市はハウステンボスを核とする九州周遊観光の拠点としてのIR構想を立てるなど，地方独自の特色を出そうとしている．
- しかし，IRの区域数が3カ所に制限されるなどIRの地方立地に向けて，課題も少なくない．治安悪化などに対する一般市民の懸念も根強く，丁寧な説明が必要だ．

IR(統合型リゾート)は五輪後の日本経済の起爆剤として期待

2018年4月，統合型リゾート(Integrated Resort: IR)の実施法案(特定複合観光施設区域整備法)が閣議決定された．IRとは，「観光振興に寄与する諸施設」と「カジノ施設」が一体となった施設群のことであり，米国のラスベガス，シンガポールのマリーナベイ・サンズが，その代表例である．政府は2017年にIR推進本部を設置し，IR実施法案の策定に向けて準備を進めてきた．

IR設置の狙いとして，まず滞在型観光の定着に向けた新たな観光資源の創出がある．各種アンケート調査や報道などをみると，訪日外国人旅行者から評価が高い日本の観光資源は自然や文化，食事であり，一方でナイトライフの評価は高くなく，夜間の観光がやや退屈という印象があると推察される．カジノやナイトショーなどIRによるさまざまなエンターテインメントの提供は，訪日外国人客の長期滞在と娯楽消費を促すと期待される．また，MICE(Meeting, Incentive Travel, Convention, Exhibition/Eventの頭文字で，大きな集客が見込まれる

ビジネスイベントなどの総称）の開催・誘致の強化も狙いの一つだ．近年，シンガポールでの大型 IR 設置などもあって，日本の国際会議開催シェアは低下しており，IR の設置はビジネス目的の誘客にもつながる見込みだ．

　今後は，IR 実施法案の施行後，政府による IR 認定基準の策定を受けて，各都道府県は IR 運営事業者を選定して区域整備と事業の基本計画を作成し，国からの認可を得た上で，IR 事業が開始される見込みである．一連のプロセスが終了して実際の開業となる時期は 2025 年前後といわれているため，IR には東京五輪後の新たな日本経済の起爆剤として期待がかかる．大阪府は 2025 年の万博開催を目指して誘致活動を行っており，IR 開業で相乗効果を生み出し，経済活性化の目玉としたい方針だ．

　日本政策投資銀行と日本交通公社のアンケート調査によれば，訪日外国人のうち IR に行ってみたいと回答した割合は約 60% と，アジア旅行者を中心に一定の関心は得られている．しかし，IR の中で行ってみたい施設を見ると，カジノへの訪問意向は 7% 程度と低く，一方でショッピングモールやホテル，アミューズメント施設が 40% ほどと高い．IR といえばカジノのイメージが先行しているが，訪日外国人客誘致の点から考えると，カジノ以外の宿泊や商業，娯楽施設も含めた総合リゾート地としての機能が問われているといえよう．

地方自治体も IR に高い関心，独自の IR 構想で誘致に乗り出す

　現在 IR の誘致を検討している自治体は，大阪府や横浜市，愛知県といった三大都市圏だけでなく，地方圏も IR に高い関心を示している．

　その中の代表格として，長崎県の佐世保市が挙げられる．長崎県佐世保市では，2007 年時から民間や議会のレベルで IR 誘致の検討を開始した．2013 年からは長崎県および佐世保市も共同で IR 調査研究を開始し，2015 年には基本構想骨子が策定されるなど，IR 誘致に本腰を入れている．佐世保市の IR は「地方創生型 IR」と銘打たれており，九州周辺観光の核拠点としての IR 創設が目指されている点が特徴的だ．具体的には，佐世保市にある大型リゾート「ハウステンボス」周辺地域が開発地域の核と想定されている．ハウステンボスは年間収入高は約 270 億円規模と全国でも有数のリゾート施設であり（図1），既存インフラを利用することで短期間での IR 開業が可能とされる．

⑥ IR（統合型リゾート）　167

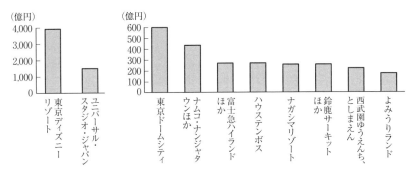

資料）帝国データバンク「遊園地・テーマパーク経営企業の実態調査(2016年決算)」より，みずほ総合研究所作成

図1　主要レジャー・集客施設の収入高(2016年)

北海道の苫小牧市も「自然共生型IR」をコンセプトに誘致を検討中だ．北海道の自然体験観光機会を提供するエンターテインメント施設や，自然と調和する低層型宿泊施設を想定するなど，自然を活かしたリラックスできるエコ空間を創出するという点で独自性を打ち出している．

IR開業が地方で認可されるかどうかは不透明

その他にも，北海道の留寿都村や釧路市，和歌山県などがIR誘致を検討しており，IRに対して熱視線を送っている地方自治体は少なくない．

しかし，IRの地方立地に向けては課題もある．IR実施法案では，IRの区域数は3カ所に制限される．また，認定要件には，「国内外の主要都市との交通の利便性その他の経済的社会的条件」という基準が掲げられている．そのため，当初は大都市圏に集中してIRが設置されてしまうという危惧が，地方自治体の中にはあるようだ．

ギャンブル依存症患者の増加や治安の悪化などといった経済効果以外の面に対して，一般市民の懸念も根強い．IR設置に向けては，依存症対策やカジノ運営の監視などの対策を講じることに加えて，一般市民への丁寧な説明によって理解を得る必要があろう．

8 新たな有望産業への潜在性

農林漁業と食に関わるキーワード

① 6次産業化
② 企業の農業参入
③ 観光農業
④ 農産物輸出
⑤ ジビエ

6次産業化

> ⟨POINT⟩
> - 6次産業化とは，農林漁業者が加工・直売事業に進出したり，企業と連携したりする取り組みを指す．6次産業化は，農林漁業者の新たな収益源確保や農山漁村の経済活性化につながると期待されている．
> - 農林水産省の6次産業化総合調査(2015年度)によれば，農業者による農業生産関連事業の販売金額は1兆9,680億円，漁業者による漁業生産関連事業の販売金額は2,336億円で，ともに増加傾向にある．
> - 近年では，農林漁業者が6次産業化を目的として企業と合弁会社を設立するケースや，企業と農業者が連携して情報通信技術やロボット技術の活用に取り組むケースが増えており，その効果が注目されている．

1次・2次・3次産業の融合・連携を図る取り組み

　6次産業化とは，1次産業(農林漁業)と2次産業(加工・製造業)，3次産業(流通・サービス業等)との融合・連携によって，新たな付加価値を生み出そうとする取り組みを指す造語である．その由来は，1次産業×2次産業×3次産業＝6次産業という考え方にある．1990年代半ばに現東京大学名誉教授の今村奈良臣氏がこの考え方を提唱した当初，6次産業化は，農林漁業者が加工・販売等の関連事業に多角化する動きを指していた．近年ではこうした動きに加え，2次産業，3次産業に属する企業が農業参入や農林漁業者との事業連携に取り組む動きも，6次産業化の一環とみなされている(このうち，企業の農業参入については，8-②参照)．

　日本の農林漁業は現在，国内需要の低迷，輸入品との競合激化，農林漁業者の減少および高齢化といった課題に直面しており，総じて厳しい経営環境にある．これを受けて，農山漁村における地域活力の低下も懸念されている．しか

表1　農業・漁業生産関連事業の販売金額

年　度	農業生産関連事業(A)				漁業生産関連事業(B)				単位
	販売金額	農産物加工	農産物直売所	その他	販売金額	水産物加工	水産物直売所	その他	
2012	17,394	8,237	8,448	709	1,854	1,543	311	0	
2013	18,175	8,407	9,026	742	2,032	1,719	313	0	億円
2014	18,672	8,577	9,356	739	2,056	1,724	332	0	
2015	19,680	8,923	9,974	784	2,336	1,847	365	124	
構成比	100.0	45.3	50.7	4.0	100.0	79.1	15.6	5.3	％
1事業体当たり	3,238	3,306	4,229	1,159	6,691	12,096	5,503	957	万円

注)「その他」には民宿，レストランや，観光農園(農業生産関連事業のみ)が含まれる．漁業生産関連事業については，2015年度から調査対象となった．
資料)農林水産省「6次産業化総合調査」(各年版)より，みずほ総合研究所作成

し，6次産業化が進めば，農林漁業者が新たな収益源を確保したり，農林漁業者と企業の連携による新事業の創出が農山漁村の経済活性化につながったりすることが期待できる．こうした事情を踏まえ，政府は2010年頃から農政の重点戦略の一つとして6次産業化を掲げており，さまざまな支援策を講じている．具体的には，6次産業化を進める農林漁業者に対して，「地域資源を活用した農林漁業者等による新事業の創出等及び地域の農林水産物の利用促進に関する法律」(2011年施行，通称「6次産業化法」)に基づく無利子融資の償還期限・据置期間の延長や，「株式会社農林漁業成長産業化支援機構法」(2012年施行)に基づく官民ファンドを通じた出資等が実施されている．

農業者や漁業者による加工・直売等の拡大

　国による政策的な支援を受け，6次産業化は拡大基調にあると推測されるものの，その取り組み内容が極めて広範囲にわたることから，全体的な市場規模は明らかではない．

　農林水産省が近年開始した6次産業化総合調査をみると(表1)，農業者による2015年度の農業生産関連事業(A)の販売金額は2012年度比13.1％増の1兆9,680億円，漁業者による2015年度の漁業生産関連事業(B)の販売金額は2012年度比26.0％増の2,336億円と，農業者や漁業者による6次産業化が拡大して

① 6次産業化　171

いることがわかる．ただし，(B)の販売金額については調査対象の拡大分を差し引くと，増加率が2012年度比19.3％増にとどまる．

　2015年度調査における販売金額をみると，(A)は(B)の8.4倍の規模があり，農業の方が漁業よりも6次産業化が進んでいることがうかがえる．一方，同年度の1事業体当たり販売金額は(A)が3,238万円，(B)が6,691万円で，漁業者の方が農業者よりも大規模な事業を手がける傾向にある．(A)，(B)とも加工・直売所が販売金額の9割以上を占めるが，(A)は直売所，(B)は加工の構成比がより大きいといった特徴もみられる．

　大規模な加工・直売所は主に農協，農業法人，漁協やその他の漁業団体によって運営されている．『日本農業新聞』が実施したアンケート調査によれば，2016年度に売上高が10億円を超えた農協系直売所は全国に39店舗あり，このうち最高額を計上したのは福岡県にある売上高約41億円の直売所だった．農協系に限らず，売上規模が大きい直売所は，広い敷地内で加工場やレストランと一体的に経営されるケースが少なくない．一方，小規模な加工・直売所は一般的に，個人の農業者・漁業者によって自らの敷地内で営まれている．

　農業者や漁業者が直売を手がけるメリットには流通コストの削減，加工を手がけるメリットには商品の付加価値向上があり，ともに収益を押し上げる効果が期待される．しかし，人口減少によって国内需要が縮小する中で，農業者や漁業者が流通を専門とする小売業者や加工を専門とする食品メーカーと競い合って，売り上げを拡大していくのは容易ではない．このため，一部の業者は，企業と連携して6次産業化を進める戦略を採用している．

企業との合弁会社設立やアグリテック分野での連携

　近年，農林漁業者が企業と連携して6次産業化を進める方法として注目されるのが，農林漁業成長産業化支援機構(Agriculture, forestry and fisheries Fund corporation for Innovation, Value-chain and Expansion Japan: 通称A-FIVE)という官民ファンドの活用である．A-FIVEが設立された2013年以降，農林漁業者が6次産業化を目的として企業と共同で設立する合弁会社は，事業内容について国からの認定を受けることや，農林漁業者による出資比率がパートナー企業の出資比率を上回ること等を条件として，同ファンドからの最長15年間に及ぶ

表 2　農林漁業者が企業と合弁会社を設立して 6 次産業化に取り組む事例

農林漁業者	生産品目	都道府県	合弁会社の事業内容	合弁会社に共同出資する企業の業種
A	牛肉，牛乳等	北海道	レストラン・宿泊施設の運営	バス会社
B	醸造用ブドウ等	北海道	ワイナリー・レストラン経営	広告会社
C	醸造用ブドウ	北海道	ワイン製造	他地域のワイン製造業者
D	野菜	宮城	フリーズドライ加工等	青果物卸他
E	サクランボ等	山形	産直ギフト販売等	農産物卸，外食業者，和菓子メーカー
F	サツマイモ等	茨城	規格外のサツマイモ加工等	機械設計業者
G	牛肉，野菜，大麦等	栃木	牛肉・アスパラガス等の加工，ベーカリー＆カフェの運営	菓子・健康食品等メーカー
H	野菜	愛知	野菜カット加工，ソース製造等	外食業者
I	養殖魚，コメ	滋賀	居酒屋の経営	外食業者
J	野菜	京都	冷凍野菜の製造	冷凍加工業者
K	玉ネギ等	兵庫	乾燥野菜の加工	野菜加工業者
L	野菜	奈良	フリーズドライ加工等	カット野菜卸
M	キャベツ，白菜等	広島	野菜カット加工，キムチ製造等	小売業者
N	野菜等	広島	給食事業	弁当メーカー
O	養殖魚	愛媛	養殖魚加工	総合商社他
P	野菜・果物	熊本	野菜カット加工	青果物卸
Q	牛肉	鹿児島	外食，乳加工，混合飼料製造等	飼料メーカー，総合商社，食肉メーカー他
R	マグロ等	沖縄	マグロ等の加工	水産物商社

資料）農林漁業成長産業化支援機構の公表資料等より，みずほ総合研究所作成

出資が受けられるようになった．農林漁業者の間では，この仕組みを活かして企業の支援の下で 6 次産業化を手がけるケースが増えつつある(**表2**)．合弁会社に共同出資する企業の業種は，食品加工業者や農水産物の流通業者をはじめ，多岐にわたる．

　また，農業分野においては昨今，企業と農業者が ICT(情報通信技術)やロボット技術を活用した「アグリテック」の開発に向けて連携するケースも増えている．温室の自動制御システムや除草ロボット等のアグリテック商品は，農業の省力化に有効であり，連携を通じてその開発や普及が早まることが待望されている．

① 6 次産業化　173

② 企業の農業参入

〈POINT〉

- 企業の農業参入には，農地所有が可能な農地所有適格法人に出資する方法や，農地を借り入れる方法がある．農地の借り入れについては，2009 年に全国で認められて以降，件数が急速に増えている．
- 企業は，農業参入によって本業における原材料・商品の安定的な確保や地域活性化への貢献等で成果を挙げている．しかし，農業分野の単年度収支が黒字となっている企業は多くないとみられる．
- 自治体は，農業関係者の紹介等を通じて，企業の農業参入を支援している．政府も企業が農地を借りやすくするための法改正等を行っており，今後は企業の農地所有に関する規制見直しの動向が注目される．

農地所有適格法人への出資と農地借り入れによる農業参入

　企業の農業参入は，「6 次産業化」の一環として位置づけられ(8-①参照)，近年，農村の活性化につながる取り組みとして注目されている．なお，ここでいう農業参入とは，企業が農地を確保して自ら農産物を生産することを指し，農業者向けに各種商品・サービスを販売すること等は含まない．

　企業の農業参入には，基本的に二つの方法がある．一つ目は，農地を所有できる唯一の法人形態である農地所有適格法人に出資する方法だ．この方法を用いると，企業は間接的ながら農地を取得できる．ただし，農地所有適格法人への企業の出資比率については，現状では農地法の定めにより 50.0% 未満に制限されており，企業が同法人の経営支配権を握ることはできない．

　二つ目は，農地所有者から土地を借り入れる方法である．企業による農地の借り入れは，2003 年に特区に限って解禁され，2009 年の農地法改正で全国的に認められた．

174　　8　新たな有望産業への潜在性

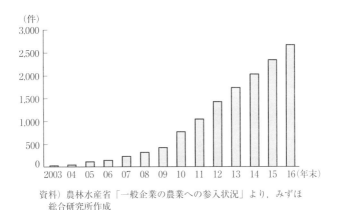

資料）農林水産省「一般企業の農業への参入状況」より，みずほ総合研究所作成

図1　一般法人による農地借り入れの累計件数

　農地所有適格法人への出資と農地借り入れのうち，企業によって主に利用されているのは後者である．後者の場合，企業が経営の支配権を行使できる上，農地を確保するコストを低く抑えられるメリットがあることが，利用が多い主な理由であると考えられる．しかし，農地借り入れには貸借契約の解除を所有者から求められるリスクが伴うため，企業の中には，信頼できる農業者を共同出資者に迎えて農地所有適格法人を設立するケースもある．

　企業の農地所有適格法人への出資実績は明らかではないが，農地借り入れについては政府の調査が実施されている．これによれば，一般法人による農地借り入れの累計件数は2016年末現在で2,676件に達しており，2009年の農地法改正以降は，その増加ペースが加速している（図1）．

　業種別にみた構成比は，食品関連産業が22.1％，建設業が12.5％，NPO法人が9.4％，製造業および卸・小売業が8.5％，学校・医療・社会福祉法人が3.6％，その他が43.9％となっている．また，生産している品目別にみると，野菜が41.1％，複合（主に野菜と米麦とみられる）が18.5％，米麦等が18.3％，果樹が11.9％，その他が10.2％で，小規模の面積でも生産が可能な野菜のウェートが大きい．

　1法人が借り入れている平均面積は，農家1戸当たり平均経営面積とほぼ同水準の2.8ヘクタールで，借入面積の合計は，国内耕地面積の0.2％に相当す

る 7,428 ヘクタールだった.

農業に参入した企業が直面する厳しい経営環境

　企業が農業に参入する主な目的は，業種により異なる．例えば，農産物を仕入れる立場にある食品関連産業や卸・小売業は，原材料・商品の安定的な確保や差別化を目的とする傾向が強い．また，2000 年代に本業が伸び悩んでいた建設業では，余剰人員の雇用対策を主な目的として，農業に参入したケースが多いとみられる．しかし，農業参入を通じて地域の活性化に貢献したいとの意向を有する点は，どの業種の企業にもほぼ共通している．

　現状をみると，業種や企業によって程度の差こそあるものの，農業参入の主な目的は概ね達成されているように見受けられる．また，企業の農業参入が，耕作放棄地の利用や住民の雇用といった形で地域貢献につながっているケースは全国各地にある．

　しかし，企業の農業参入がうまくいっているかというと，必ずしもそうではない．2008〜13 年に 3 つの異なる機関が実施したアンケート調査では，いずれも農業分野で単年度収支が黒字となっている企業は，全体の約 3 割にとどまっていた．早期参入した企業が黒字化する一方，新規参入の企業が増える中で，現在でもこの比率は大きく変化していないとみられる．

　黒字化が難しい主な理由としては，①既存の農家よりも後発の事業参入となるために好条件の農地を確保しにくいこと，②総じて農家よりも初期投資の規模が大きいこと，③農業技術の習得に時間を有すること，が挙げられる．異常気象や病害虫発生による作況のブレが大きいという農業ならではの事情もあり，経営環境は厳しい．

　だが，一部の企業は，本業の取引ネットワークを活かして安定的な販路を確保したり，経営管理システムを用いて生産工程やコスト構造を詳細に分析したりする等の経営努力を行い，黒字化を達成している．また，地域のベテラン農家をアドバイザーに迎えて農業技術の向上を図っているケースも少なくない．

自治体や政府による支援の拡大

　企業の農業参入が地域の活性化に資する事例が増える中で，自治体や政府が

176　　8　新たな有望産業への潜在性

表1　自治体による主な農業参入支援内容

項　　目	支援内容
営農計画の策定	生産品目別の収支モデル等，参考情報を提供
農地の確保	県の農地仲介機関（農地中間管理機構）や農業委員会等を紹介
栽培技術の習得	ベテラン農業者を紹介
地域との融和	地域内施設の利用や地域農協への加入等に伴う，関係者の紹介
資金負担の軽減	設備投資等に利用可能な国・自治体の補助金について情報を提供

資料）みずほ総合研究所作成

　企業の農業参入を支援する動きも，徐々に拡大している．自治体については，企業の相談に対応する窓口を設け，営農計画の策定，農地の確保，栽培技術の習得，地域との融和，資金負担の軽減，等を支援するケースが一般的である（表1）．

　こうした実務的支援の多くは，地域のさまざまな農業関係者を企業に紹介する形で行われている．農業関係者の間では企業の参入を警戒する傾向が強いため，自治体は参入を受け入れることのメリットを説明することにより，農業関係者の協力が得られるよう努めている．

　政府については，2009年に企業の農地借り入れを全国的に認める農地法改正を行った後，2014年に農地貸借を仲介する都道府県の機関（農地中間管理機構）を新設する法律を施行し，企業を含む新規参入者が農地を探しやすいようにした．

　さらに，2016年には，農地所有適格法人への企業の出資比率の上限を原則25.0％以下から50.0％未満へと引き上げた他，「農業の担い手が著しく不足している」等の条件に該当する特区内に限って企業の農地所有を認めることとした．ただし，現時点で条件を満たす特区は兵庫県養父市のみであり，企業による農地所有の実績はわずか4件にすぎない．政府が今後，条件の緩和により，企業による特区内での農地所有の増加を積極的に支援していくかどうかが注目される．

② 企業の農業参入

③

観光農業

〈POINT〉

- 農業者の間で近年，農産物直売所，観光農園，農家民宿，農家レストラン等の経営を通じて観光農業に取り組む動きが活発化している．こうした動きは，農村の集客力向上等につながる手段として注目される．
- 先駆的事例としては，長崎県大村市の「シュシュ」や広島県三次市の「平田観光農園」が挙げられる．両社は，豊富な体験メニューを設け，一年を通じて集客できる仕組みを構築している．
- 今後，農業の観光コンテンツ化に取り組む農業者は，両社のように年間を通じて集客できる仕組みを構築することが求められる．また，企業と連携して経営資源を補強することも検討していくべきであろう．

農村の集客力向上や経済活性化を図る手段としての観光農業

　観光農業とは，農産物の生産よりも観光客に対する商品やサービスの提供に重点を置いた農業経営を指す．主な事業内容としては，農産物直売所，観光農園（果物狩り等の収穫体験ができる施設），農家民宿，農家レストラン等の経営が挙げられる．日本では 1960 年代後半頃から見られるようになった観光農業への取り組みは，近年，政府が「地方創生」や「観光立国」を掲げる中で，農村の集客力向上や経済活性化を図るための手段として改めて注目されている．

　実際，早くから観光農業に取り組んできた農業者の中には，多角化事業を軌道に乗せて多数の観光客を集め，地域経済の活性化に貢献しているケースもある．そのうち，ここでは農産物直売所を軸に事業を多角化した長崎県大村市の有限会社シュシュと，観光農園を主たる事業としている広島県三次市の有限会社平田観光農園について見てみよう．

表1 シュシュの沿革

年	主な出来事
1996	長崎県大村市の農家8戸が協同でビニールハウスを利用した農産物直売所「新鮮組」をオープン
1997	地元の農産物を原料とする手作りジェラートを販売するアイス工房をオープン
1998	有限会社かりんとう(現在の有限会社シュシュ)を設立
2000	総額4億円を投じて,拠点施設「おおむら夢ファーム シュシュ」をオープン(パン工房やレストランを併設するとともに,体験教室やイチゴ狩りも開始)
2005	農産物直売所「新鮮組」を増築するとともに,洋菓子工房をオープン
2009	ジュースやジャムなどを生産する農産物加工センターをオープン

資料) シュシュ資料および同社へのヒアリングより,みずほ総合研究所作成

事業の多角化が顕著なシュシュ

シュシュは,長崎空港から車で約15分の距離にある農業関連の観光施設「おおむら夢ファーム シュシュ」の運営母体である.人口約9万人の長崎県大村市に位置する同施設は,年間およそ49万人もの来場者を集めており,この中には,外国人が推定で約3,000人含まれる.2017年12月時点の従業員数は80名で,その8割を女性が占めている.

シュシュの沿革は表1のとおりである.大村市の農業者は古くから観光客向けにナシ狩り・ブドウ狩りビジネスを手がけていたが,その時期は8~9月に偏っていた.そこで,代表取締役の山口成美氏を含む複数の農業者が通年の集客を見込める農産物直売所の経営に乗り出したというのがシュシュの誕生の経緯である.その後,アイス工房,洋菓子工房,パン工房,レストラン,体験教室(ピザ作り教室やイチゴのスイーツ作り教室等,合計16コース),イチゴ・ナシ・ブドウ等の収穫体験施設,農産物加工センター等も整備し,オフシーズンの冬期も来場者を確保できるようになった.

シュシュの最大の特徴は,農産物直売所や農産物加工センターで「モノ」(商品)を提供するだけでなく,体験教室,収穫体験施設等で多用な「コト」(経験)の提供にも取り組んでいる点にある(7-②参照).「コト」の提供は,来場者に農産物や加工食品ができるまでのストーリーを伝え,自社商品の価値を理解して

③ 観光農業 179

表2　平田観光農園の沿革

年	主な出来事
1965	リンゴ狩りを開始
1984	隣接するブドウ園を購入し，ブドウ狩りを開始
1985〜90	スモモ，プルーン，イチゴ，サクランボ，ナシ等の生産を開始
1990	バーベキューハウスを建設
1992〜2002	藤，バラ，桜等の花木を植栽
2009	「ダッチオーブンの森」をオープン
2010	「ちょうど狩り」を開始（チケット制で収穫する果物を選択）
2011	「どうぶつひろば」をオープン（ミニブタ，ヒツジ，ウサギ等を飼育）
2012	古民家カフェ「café noqoo」をオープン

資料）平田観光農園資料および同社へのヒアリングより，みずほ総合研究所作成

もらう良い機会となっている．実際，体験教室への参加や収穫体験施設での果物狩りの後に，農産物直売所で商品を買い求める来場者は少なくないとのことである．従業員にとっても，体験教室や収穫体験施設で来場者とコミュニケーションを図り，楽しみを分かち合うことは，仕事のやりがいにもつながっている．

　また，シュシュは 2006 年以降，大村市グリーン・ツーリズム推進協議会の事務局として，同協議会に登録している観光農園 20 戸や民泊受け入れ農家 9 戸と観光客の間の仲介も行うことで，地域の活性化に貢献している．

約 150 品種もの収穫体験が可能な平田観光農園

　平田観光農園は，広島県北部に位置する三次市（人口約 6 万人）で，約 150 品種もの農作物の収穫体験が可能な観光農園を運営している．広島駅から車で約90 分の距離にあるこの農園は，年間 17 万人ほどの来場者を集めており，このうち約 3,500 人を外国人が占める．2017 年 3 月時点で社員 10 名，パート 10 名を雇っている．

　平田観光農園の沿革は表2のとおりで，現在の代表取締役社長である平田真一氏の祖父が 1965 年にリンゴ狩りを始めたのが，同社の原点である．1984 年には，同氏の父である平田克明氏が隣接するブドウ園を購入して事業規模を拡大した．その後，旬の時期が異なる多様な果物の栽培，バーベキューハウスの

建設，花木の植栽等を行った結果，通年の集客や雇用が可能となった．

平田真一氏が代表取締役社長に就任した2008年以降も，さらに観光メニューの開発を進めた．代表的な例としては，①鍋料理の調理体験ができる「ダッチオーブンの森」，②一定の予算枠で複数の種類の果物狩りを選べる「ちょうど狩り」，③動物と触れ合える「どうぶつひろば」，④古民家カフェ「café no-qoo」，の展開が挙げられる．

こうした事業発展の背景にあるのが，権限移譲や「多能工化」に重きを置いた人材活用スタンスである．平田観光農園では，古くから地域外の若い人材を農業研修生として積極的に受け入れてきた．これら人材に権限を委譲して仕事にやりがいを持たせることで，「ダッチオーブンの森」や「ちょうど狩り」といったユニークな事業の発案に結びつく等の成果がみられるようになった．また，同社では，果物の栽培，来場者に対する接客から，旅行会社向けマーケティングに至るまで，社内のあらゆる業務に従業員が取り組めるようにしており，これが効率的な事業運営につながっているとみられる．

鍵となる通年型営業の実現

シュシュと平田観光農園の取り組みは，来場者を飽きさせない豊富な体験メニューを設け，年間を通じて集客できる仕組みを構築した点において共通している．通年型営業の実現は人材の安定雇用を可能とし，従業員がやりがいを感じて来場者とのコミュニケーションや体験メニューの企画等を手がけ，さらなる集客力の向上に貢献することを可能としている．この他，両社が近年増加している外国人観光客の受け入れに成果を挙げている点も注目される．今後，観光農業に取り組む農業者も，通年型営業の実現や外国人観光客の獲得を意識して事業を展開していくことが重要であると考えられる．

一方で，両社のように観光農業に農業者が一から取り組むのは容易ではなく，時間も要する．このため，新規に事業を立ち上げる農業者の場合は，旅行業，飲食業，宿泊業等を営む企業と連携して，経営資源(ヒト，モノ，カネ，情報等)を補強することも検討の対象となろう．

③ 観光農業　181

④

農産物輸出

〈POINT〉

- 2017 年の農林水産物・食品の輸出額は，前年比 7.6％ 増の 8,073 億円であった．主な輸出先は香港，米国，中国，台湾，韓国で，品目別ではイチゴやモモ等のフルーツが高い伸びを示した．
- 政府は，①諸外国に輸入規制の緩和を働きかける，②農林漁業者や輸出業者の設備投資に対する補助金を拡充する，③新たな輸出サポート機関を創設する，等の施策を通じて輸出拡大を支援している．
- 事業者が農林水産物・食品を輸出する上では，取引ロットの拡大，輸出先での信頼できる事業パートナーの確保，輸出先の規制・ニーズへの対応，産地間連携，等に取り組むことが重要と考えられる．

増加基調にある農林水産物・食品の輸出

政府は現在，経済再生に向けて「農林水産業の成長産業化」を重点戦略の一つとして位置づけており，2019 年までに農林水産物・食品の輸出額を 1 兆円以上とする目標を掲げている．2017 年の同輸出額は前年比 7.6％ 増の 8,073 億円で，その伸び率は円安等を背景に前年比 2 ケタ増を続けた 2013 年から 2015 年に比べると鈍化したものの，水産物の不漁に見舞われた 2016 年よりも高水準となった（図1）．2017 年の輸出総額に占める主な輸出先の割合をみると，香港が 23.3％，米国が 13.8％，中国が 12.5％，台湾が 10.4％，韓国が 7.4％ で，日本と食文化が似通っている東アジア圏の国・地域が多い．商品分野別にみた構成比は，水産物が 34.1％，加工食品が 32.7％，農産物が 28.9％，林産物が 4.4％ だった．

商品分野別に主な品目の 2017 年輸出実績を確認すると，水産物では，ホタテ（463 億円），真珠（323 億円），サバ（219 億円），ブリ（154 億円），カツオ・マグロ

182 ｜ 8 新たな有望産業への潜在性

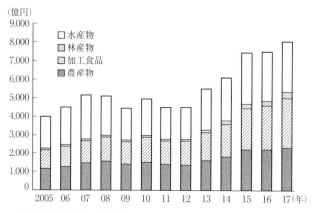

資料）農林水産省「農林水産物輸出入情報」(各年版)より，みずほ総合研究所作成

図1　農林水産物・食品の輸出額推移

類(143億円)が多い．また，加工食品では，ソース混合調味料(296億円)，清涼飲料水(245億円)，日本酒(187億円)，菓子(182億円)が上位を占めた．農産物の主力品目は，牛肉(192億円)，牛乳・乳製品(144億円)，緑茶(144億円)，タバコ(138億円)等であった．

なお，農産物のうち，イチゴ，モモ，ブドウ，ナシの2017年輸出額はそれぞれ10～30億円程度と小規模であったが，日本産の高級フルーツに対する需要拡大を受けて，前年比2～6割増の高い伸びを示した．

輸出拡大の背景にある政府の支援策

輸出拡大の背景には，①海外での和食ブームを受けて日本食レストランが増加していること(表1)，②人口減少によって国内市場が頭打ちとなる中で，農林漁業者が新たな市場を開拓する必要性を強く感じ始めたこと，③政府が輸出支援策を強化していること，があると考えられる．このうち近年，③についてはさまざまな施策が講じられており，主な施策として以下の3つが挙げられる．

第一は，諸外国に対する輸入規制の緩和に向けた働きかけである．2011年に東日本大震災に伴う原発事故が発生して以降，一部の国では日本産の農林水産物・食品の輸入に関する規制が強化されたが，政府は各国政府との交渉によ

表1　海外における日本食レストラン数(推計)

(単位：店)

地　域	2015 年	2017 年	増減
世　界	約 89,000	約 118,000	3 割増
アジア	約 45,300	約 69,300	5 割増
北　米	約 25,100	約 25,300	微増
欧　州	約 10,500	約 12,200	2 割増
中南米	約 3,100	約 4,600	5 割増
ロシア	約 1,850	約 2,400	3 割増
オセアニア	約 1,850	約 2,400	3 割増
中　東	約 600	約 950	6 割増
アフリカ	約 300	約 350	2 割増

資料) 農林水産省「海外日本食レストラン数の調査結果
の公表について」(2017 年 11 月)より，みずほ総合研
究所作成

って規制対象となる産地や品目を徐々に減らしている.

　第二は，農林漁業者や輸出業者(以下，事業者)の設備投資に対する支援の拡充である．支援対象となる施設には，国際的な衛生管理基準を満たす水産加工施設や食肉処理施設，輸出向け青果物の長期保存が可能な低温貯蔵施設等がある．政府は，近年これらの施設を建設する事業者に支給する補助金の予算額を増やしている.

　第三は，新たな輸出サポート機関の創設である．2016 年に政府は，日本産の農林水産物・食品の海外需要を喚起したり，輸出に取り組む事業者を情報面で支援したりするための公的組織を設立することを正式に決定した．これを受けて 2017 年に日本食品海外プロモーションセンター(JFOODO)が独立行政法人日本貿易振興機構(JETRO)内に設立され，海外での販促活動や情報収集等に取り組んでいる.

　これら 3 つの施策は，事業者が独自で対応することが困難な事項について政府が対策を講じたものであり，事業者に輸出への積極的な取り組みを促す効果をもたらしている.

事業者による産地間連携等への取り組み事例

では，事業者は実際にどのような形で輸出に取り組んでいるのか．ここでは，

184　　8 新たな有望産業への潜在性

農産物輸出の先駆者として知られている，ある九州の輸出業者（以下，A社）の事例を見てみよう．

A社は，2008年に福岡県内の複数の農協組織等が共同出資して設立した輸出業者である．2008年の設立当初，A社は出資者への配慮から高級イチゴ「あまおう」をはじめとする福岡県産農産物の販売に重点を置いていた．しかし，小ロットの取引では輸送コストが割高となることから，徐々に他産地の農産物の販売も増やし，コスト削減や事業規模の拡大を図っていった．輸出先はほとんどが香港と台湾であるが，この他にタイ，シンガポール，米国，EU（欧州連合）等へも農産物を出荷している．特に台湾では現地の輸入業者と安定的な取引関係を構築しており，この業者が2016年にA社の共同出資者として名を連ねるまでに至っている．

A社の特徴として，卸売市場を経由せず，産地から直接農産物を調達する比率が約7割と高いことが挙げられる．この特徴を活かしてA社は，輸出先の規制や商品ニーズに沿った農産物の生産拡大を農業者に働きかけている．

さらに，近年A社は産地間連携の構築にも注力している．農産物輸出は，「○○県産フェア」等の形で産地別の期間限定イベントとして行われるケースが多く，輸出先で産地間の販売競争が生じる事態となっている．これに対し，A社は複数産地の農業者や自治体の関係者と連携して「オール九州」や「オールジャパン」の農産物輸出を請け負うことで，産地間競争を回避するとともに，低コストで周年的な輸出体制の確立を図っている．

A社の事例にみられる取引ロットの拡大，輸出先での信頼できる事業パートナーの確保，輸出先の規制・ニーズへの対応，産地間連携等は，農林水産物・食品の輸出を拡大する上で重要な取り組みといえる．特に今後は，政府の意向を受けて事業者が2014〜15年に設立した主要品目別の輸出団体を軸とした産地間連携が徐々に拡大すると予想され，その成果が注目される．

④ 農産物輸出

⑤

ジビエ

〈POINT〉

- ジビエとは，狩猟で捕獲した獣や鳥の肉を指す．日本では1990年代以降，欧州からのジビエ輸入が本格化するとともに，国産ジビエを取り扱う飲食店が徐々に増えてきた．
- 政府は最近，積極的にジビエ産業の振興に取り組んでいる．2018年3月には，鳥獣の捕獲から搬送・処理加工までを行う17のモデル地区が選定された．
- ジビエ産業が取り組むべき課題としては，高度な処理技術を有する猟師が若い世代にその技を伝えていける仕組みの構築や，加工・流通業者による消費者へのジビエの価値訴求等が挙げられる．

高級食材としてのジビエ

　ジビエ(gibier)とは，フランス語で狩猟により捕獲した獣や鳥の肉を意味する．代表的なジビエとしては，野生のシカ，イノシシ，ウサギ，キジバト，カモの肉が挙げられる．フランスをはじめとする欧州では，上流貴族による娯楽としての狩猟が古くから行われており，その収穫物であるジビエが栄養価に富む高級食材として取り扱われてきた．

　一方，奈良時代から江戸時代にかけての日本では，殺生を禁じる仏教が尊ばれ，特に上流階級の人々は獣肉の消費を敬遠していた．明治時代に入ると，西洋文明の許容に伴って牛肉を中心とする畜産肉の消費が広まったものの，ジビエについては処理(洗浄，内臓摘出，皮はぎ等)の技術が未発達なため，臭みが強いというイメージが定着し，農村以外での普及はなかなか進まなかった．しかし，1990年代に入ってジビエが欧州から輸入されるようになると，都市部のいわゆる「食通」の人々がこれを好んで食すようになった．こうした動きを受

186　　8 新たな有望産業への潜在性

表1 都道府県別にみた野鳥獣の処理加工施設数(2015年6月)

都道府県	施設数	都道府県	施設数
北海道	24	静岡, 京都, 岡山, 愛媛, 福岡, 宮崎	各4
大分	17	山梨, 愛知, 滋賀, 和歌山	各3
長野	14	埼玉, 富山, 福井, 山口, 佐賀, 鹿児島	各2
兵庫	8	岩手, 宮城, 茨城, 栃木, 東京, 神奈川,	各1
岐阜, 島根	各7	石川, 奈良, 広島	
三重, 高知, 熊本	各6		
千葉, 鳥取, 徳島, 長崎	各5	全 国	172

注) 都道府県から国に報告があった施設のみを集計したもの.
資料) 農林水産省「鳥獣被害の現状と対策」(2017年7月)より, みずほ総合研究所作成

け, 処理技術を習得して国内の野生鳥獣を食用に加工する業者や, 国産ジビエを使った料理をメニューに取り入れる飲食店も, 徐々に増えていった. 農林水産省の調査によれば, 国内における野生鳥獣の処理加工施設数は2015年6月時点で172カ所で, このうち北海道が24カ所(シェア14.0%), 大分県が17カ所(同9.9%), 長野県が14カ所(同8.1%)を占める(表1).

政府によるジビエ産業の振興

最近では, 政府が積極的にジビエ産業の振興に取り組む動きがみられる. この背景には, 農村の過疎化が進む中で, 野生鳥獣の増加によって農作物被害が深刻さを増していることがある. 環境省の推定によれば, 1989年から2013年の25年間で, ニホンジカの個体数は約10倍, イノシシの個体数は約3倍に増加している. これらの動物を捕獲・加工し, ジビエとして供給することは, 農作物被害を減らす上で有効な対策といえる. また, ジビエ産業の振興は, 鳥獣が生息している農村地域において, 新たな特産品の開発や雇用の創出といった効果をもたらすと期待されている.

政府による最近の主な振興策としては, ジビエ利用に関する事業者からの問い合わせを受け付ける総合的な相談窓口を2017年9月に設置したことや, 鳥獣の捕獲から搬送・処理加工までを行う17のモデル地区を2018年3月に選定したことが挙げられる. モデル地区には, 熊本県や大分県のように県内全域に

⑤ ジビエ | 187

及ぶケースや，京都府丹波地区と大阪府北摂地区のように都道府県をまたぐケースもあり，その本格的な稼働は2019年度となる見通しである．

モデル地区では，捕獲現場まで駆けつけて野生鳥獣を直ちに処理することができる移動式解体処理車が整備される．これにより，搬送に伴うジビエの肉質劣化を防ぐことができる．狩猟地から遠く離れた加工処理施設まで運搬することができず捕獲後に廃棄されていた野生鳥獣も，有効利用できるようになる．現状では，捕獲された野生鳥獣の中で食用に供されているのは1割程度といわれており，ジビエの流通量の拡大余地は大きい．

また，モデル地区では，地域の猟師や周辺の処理施設からジビエをとりまとめて飲食店に安定供給するための中核保冷施設の設置や，猟師，加工・流通業者，自治体等が連携を図るための協議会の設立に対しても，政府の財政的支援が講じられる予定である．

▌人材の育成や需要喚起が課題

ジビエ産業は政府の後押しによって成長が期待されるものの，関係者が取り組むべき課題は少なくない．最大の課題は，猟師の技術向上である．政府は2014年11月に，安全で良質なジビエの提供を促進する観点から「野生鳥獣肉の衛生管理に関する指針（ガイドライン）」を策定したが，猟師の処理技術には依然として大きなバラつきがあるといわれている．また，狩猟免許の所持者数は1970年から2014年までの間に約53万人から約19万人へと減少し，猟師の高齢化も顕著となっている．これらの状況を踏まえ，高度な処理技術を有する猟師が若い世代にその技を伝えていける仕組みを各地で構築していくことが重要であろう．島根県のある町では，イノシシ猟師によって構成される組合が，2017年9月に東京都の企業とジビエの処理・販売を行う会社を立ち上げ，若い人材の雇用・育成に取り組んでおり，その成果が注目される．

また，加工・流通業者によるジビエの需要喚起も重要である．ジビエは捕獲に手間がかかる分，畜産肉よりも高価格となりがちである．だが今後，加工・流通業者がメニュー開発等を通じて消費者に対するジビエの価値訴求を強化していけば，ジビエ産業は農村地域の有力な産業になりうると期待される．

おわりに

　今年2018年は，明治維新(1868年＝明治元年)から150年に当たる．これを記念する行事も各地で開かれており，こうしたイベントもまた地域おこしの効果を持つものかもしれない．その明治維新以降の日本の近代化の歩みは，中央集権化の道筋でもあった．維新前の江戸時代における幕藩体制は，江戸に幕府という大きな権力が存在したものの，「三百諸侯」とも呼ばれた全国の諸藩は内政上一定の自治を保持していた．わが国の近世は，ある意味で地方分権の時代であったといえよう．

　そうした国のありようは，明治維新を経て大きく変わった．天皇が京都から遷座し，江戸から改称された東京は，名実ともに日本の首都となり，この国における存在感は一段と大きなものとなった．そして，日本の近代国民国家への道のりの中で，全国的な画一化が進んだことは間違いない．欧米列強に伍していくために国力の増強と中央集権体制の構築が優先されることとなり，政治・経済・産業・文化など各分野で一元化の波が押し寄せたと受け止められよう．北から南まで多様性を残していた言語も「日本語」として一律化が目指され，地域ごとの個性が弱められることになった．

　さらに，道路，鉄道，航路などの交通システムも，東京を起点とするネットワークが形成された．もちろん，大阪や名古屋といった大都市も拠点性を保ち，交通の結節点としての機能を果たしてきたが，首都である東京との差を縮めることは難しかった．そして，公共インフラは，まず東京，続いて拠点都市，その後に地方へと，段階的に整備される時代が続いた．

　明治維新後，短期間で近代化を遂げた日本は，第二次世界大戦により転機を迎える．政治や経済は維新以来の大きな変革の波を被ることになったが，東京と地方の関係はどうであったか．戦後の復興，その後の高度経済成長期を通じて，地方から雇用機会に富む大都市への人口の奔流はむしろ勢いを増した．大都市圏，とりわけ東京への集中傾向が一段と強まったと見るべきであろう．

　もちろん，人口の出し手となった地方は，流出を抑えようと地域の活性化や雇用の創出に懸命になった．国政においても高度経済成長期から1980年代の

安定成長期にかけては，「国土の均衡ある発展」が掲げられる．そうした中，各地で交通インフラや産業基盤の整備が熱望され，順次実行に移されていった．

　もっとも，この時代の活性化の手法は，全国で似通った面が大きかったといえよう．わが国の産業構造が農業中心から工業基軸へと移行する下で，多くの地域で工場の誘致合戦が繰り広げられた．各地の都市はビルやマンションの建設等により近代化したが，一方でまちの個性が失われる方向に傾いたことも認めざるを得ない．

　ここまで見てきたように，わが国は戦前も戦後も大都市，特に東京への集中が進むとともに，全国的な没個性化が進行した．加えて，これに抗しようとした取り組みさえもが画一性を免れなかったと捉えられよう．

　1990年代になると，インフラの整備がかなり進展し，公共事業の効果の低下が指摘されるようになる中，地域の特性を生かそうとする活動が広がりを見せるようになる．しかし一方で，この頃より日本は経済の勢いに翳(かげ)りが現れ，地域経済を巡る環境も厳しさを増し始める．1990年代前半に「バブル」が崩壊すると，わが国は「失われた20年」とも呼ばれる経済の停滞に覆われる．そして，社会の構造変化の影響も顕在化した．いやむしろ，地方で進行していた事象が，全国規模で立ち現れたといった方が正確かもしれない．それは，少子高齢化の加速と人口のピークアウトである．地方では特に住民の減少と高齢化が目立つようになり，集落やコミュニティが失われるといったケースさえ散見されるようになった．

　同時に，グローバル化が進行して，競争環境も激化した．これを受けて，90年代以降は各地の事業所の海外移転が増加し，地方における雇用の場の縮小を招いた．また，テクノロジーの進歩や情報化の急進もあり，産業構造もサービス業のウェート拡大へとシフトしていく趨勢が定着した．このような変化が大都市への人口集中を後押しした一面もあろう．

　経済の不振が長引く中で，地方は厳しい状況に直面している．人口の減少，高齢化の進行，インフラの老朽化，店舗の撤退などにより中心市街地の活気が失われ，「シャッター街」とされる通りも珍しくはなくなった．コミュニティの機能が低下し，生活基盤の消失が懸念される地区もある．明治維新から150

年を迎える今，地方創生は切迫した課題となっているのである．

　こうした状況認識の下，本書は編まれた．冒頭の第1章では，近年の地域の実情を確認できるキーワードを集めている．東京一極集中のさらなる進行，郊外への拡大から一転しての都心回帰，空き家・空室の増加による都市のスポンジ化などを取り上げた．

　これらへの対処としての地域政策は岐路に立たされている．公共投資による産業集積促進効果はかつてと比べて弱まっており，グローバルな立地適正化の動きにより，製造業誘致も容易ではなくなった．従来型の中心市街地活性化策にも手詰まり感が見られ，ハコモノ建造は多くの事例で必ずしも持続的な成果を得られていない．自治体主導に偏っていた振興のあり方を見直す向きもあり，近年は企業を軸とする民間の知恵，資金，行動力に期待がかけられるようになってきた．全国をあまねく意識した均衡的政策手法も曲がり角を迎えており，地域の個性や特性，固有の資源を活用した独自性のある地域づくりに活路を見出そうとする動きが広がってきている．

　このような地域政策を巡るスタンスの変化の中で，2012年末に発足した第二次安倍政権は地方創生に着手した．それは，人口ビジョン作成など人口動態を重視する姿勢，大都市から地方への人の流れづくりの主眼化，各地の創意を引き出すべく自治体ごとに戦略を策定させる枠組みといった点に特徴づけられる．第2章では，こうした地方創生の全体像をキーワードにより概観している．そして，国家戦略特区や政府機関の地方移転といった新たな試みにも着目した．ただし，残念ながら，地方創生スタートから3年余が経過した現時点では，東京一極集中の傾向に歯止めはかけられていない．

　続いて，地方分権や地方の行財政のトピックを取り上げるべく第3章をセットした．ここでは，道州制を含む地方分権改革，ふるさと納税，大阪都構想，町村総会といった近年話題性のあるキーワードをピックアップしている．

　前述のように，自治体主導の地域振興に代わり，このところ企業を軸にした活動が広がりを見せている．第4〜6章は各論という位置づけで，こうした観点から幅広くキーワードを集めた．産業振興では，個々の企業の力を高めつつ連携により相乗効果を狙う方向性，イノベーション重視の傾向が強まっている

おわりに　191

ことを確認した．まちづくりも新たな展開を見せ，コンパクトシティの形成が模索される中，商業機能に加え，住民の集約も視野に入れる段階に至っている．高齢化を意識したまちづくりも重要で，日本版 CCRC はその好例だ．シェアリングエコノミーのような新しいビジネスも，注目を集める．

　地域活性化においては，その地その地の個性に重きを置く流れが強まっており，農産物，特産品，観光スポットといった地域資源の掘り起こしと活用が積極的に手がけられるようになった．地域づくりでは，差別化が強みを発揮する．そこで，近年耳目を集める活動にフォーカスし，地域商社，クルーズトレイン，聖地巡礼，ガーデン・ツーリズムといったキーワードを取り上げてみた．その地オリジナルの宝を見出し，保護し，地域づくりに役立てていく．そこでは，情報発信力も問われることになろう．

　第7〜8章では，人口減に伴う市場の縮小が懸念される中，需要の開拓が期待できる分野として，観光と農業にスポットを当てた．観光には交流人口増加による市場拡大効果が見込める．近年は海外からのインバウンドが大きく伸長し，その波及力が目に見えるものとなってきた．今後も受け入れ環境の整備や地方への周遊拡大が目指される．一方，キッズウィークのように国内観光客を増やす休日取得促進策も有効だろう．競争力が弱いとされてきた農業にも脚光が当たっている．6次産業化や企業の参入は，農業の持つ可能性を大きく高めるものだ．日本食の世界的ブームもあり，農産品の輸出増にも期待がかかる．

　ここで，将来の日本の姿にも目配りしておきたい．人口減少や高齢化の流れは簡単には変えられない．こうした基調を踏まえた対応・適応が今後ますます求められてこよう．活力を高めるためのチャレンジは，国としても地域においても欠かせない．ただし，全土が余すところなく栄え続けるような未来像は非現実的なものとなりつつある．コンパクトシティ化や拠点都市への集約の方向性は避けられないであろう．コアとなる地域に商業・サービス業の機能を確保できる人口を維持しながら，生活基盤を支えていく方途が大切になる．

　2010年代も終盤となり，歴史の節目ともいえる時期に差しかかっている．繰り返しとなるが，今年2018年は明治維新150年である．近代化の歩みを回顧しつつ，この国の先々を展望するよいタイミングである．来年2019年には

改元が行われ,「平成」が幕を下ろす.経済の低調な状態が続く一方で,成熟した社会のあり方が模索された30年であったとも振り返られようか.そして,新元号の開始に続き,二度目の東京五輪の号砲のもと2020年代がスタートし,団塊の世代が後期高齢者となる,かつて経験したことのない超高齢社会に突入していく.人口減少の速度が上がり始める中で,2020年代に足がかかるこの時期が,地方のこれからを左右する重みのある時期となろう.

　本書でも取り上げたような,各種の施策,各地のさまざまな取り組み,企業などの新たな挑戦が,2020年代に向けて実を結ぶことに期待したい.

　本書は,長く地域政策に携わり,各地を巡った経歴を持つ研究員が中心となり,観光や農業,財政,社会保障などの担当が加わって一冊のキーワード集にまとめた.さらに多くのキーワードを挙げることもできたが,都道府県の数と同じ47に絞り込んだ.選び出すのが難しかったほど,地方創生は多くの政策分野とも関わり,奥行きもある.拾えなかった重要語が残されたことは認識しているが,多くのキーワードが生まれるということは,それだけ地方創生の手法が進化しているということでもあり,そこに先行きの可能性を見出したい.

　筆者はかつて地域活性化の事例調査で,各地の地域づくりの当事者へのヒアリングを重ねたことがある.多くの方々は,厳しい状況に直面しながらも,地元への思いを語り,地域を輝かせたいとの心意気を覗かせた.地方創生には,制度や資金やノウハウも必要であろうが,最後に拠りどころとなるのは,やはりその地への思いや困難に立ち向かう心意気であろう.150年前の明治維新という大改革を成し遂げた原動力は,当時の志士たちの気概にあった.地方創生も,これをよき先例としたいところである.

　最後になるが,本書を世に出すことができたのは,編集を担当された岩波書店の伊藤耕太郎氏と田中朋子氏の導きと支えによるところが大きい.お二方には,格別の深謝の意を表したい.

　2018年5月

みずほ総合研究所　政策調査部長

内 藤 啓 介

［執筆者］

高 田 　 創　　専務執行役員　チーフエコノミスト

内 藤 啓 介　　政策調査部　部長
堀江奈保子　　政策調査部　上席主任研究員
野 田 彰 彦　　政策調査部　上席主任研究員
岡 田 　 豊　　政策調査部　主任研究員
堀 　 千 珠　　政策調査部　主任研究員

宮 嶋 貴 之　　経済調査部　主任エコノミスト
平 良 友 祐　　経済調査部

岩 城 博 之　　社会・公共アドバイザリー部　上席主任研究員

みずほ総合研究所

ハイレベルなリサーチ部門とソリューション部門に加え，独自の法人会員制度を擁する日本有数のシンクタンク．経済調査／欧米調査／アジア調査／市場調査／政策調査／金融調査——6つの分野のスペシャリストが，優れた分析力と国内外のネットワークを駆使し，付加価値の高いマクロ情報の発信や政策提言を行うほか，国や自治体，民間企業の個別課題解決ニーズに対応したコンサルティング・サービスを提供している．著書に『データブック格差で読む日本経済』(岩波書店)，『経済がわかる論点 50 2018』(東洋経済新報社)など．

キーワードで読み解く地方創生

2018 年 7 月 25 日　第 1 刷発行

編　者　みずほ総合研究所

発行者　岡本　厚

発行所　株式会社 岩波書店
　　　　〒101-8002 東京都千代田区一ツ橋 2-5-5
　　　　電話案内 03-5210-4000
　　　　http://www.iwanami.co.jp/

印刷・理想社　カバー・半七印刷　製本・松岳社

© Mizuho Research Institute Ltd. 2018
ISBN 978-4-00-061284-5　Printed in Japan

データブック 格差で読む日本経済	みずほ総合 研究所 編	A5判 208頁 本体 1900円
地方創生を超えて ──これからの地域政策──	小磯修二 村上裕一 山崎幹根	A5判 200頁 本体 1900円
農山村は消滅しない	小田切徳美	岩波新書 本体 800円
地域に希望あり ──まち・人・仕事を創る──	大江正章	岩波新書 本体 800円
「エネルギー自治」で地域再生！ ──飯田モデルに学ぶ──	諸富徹	岩波ブックレット 本体 620円

──────── 岩波書店 ────────

定価は表示価格に消費税が加算されます
2018年7月現在